依據國教院最新「國民小學科技教育及資訊教育課程發展參考說明」編輯

課別	課程名稱	學習重點 - 學習表現
一	報告老師！我要學簡報！	資議 t-Ⅱ-1 體驗常見的資訊系統。 資議 t-Ⅱ-3 認識以運算思維解決問題的過程。 資議 a-Ⅱ-1 感受資訊科技於日常生活之重要性。 國 5-Ⅱ-2 理解各種標點符號的用法。 綜 1a-Ⅱ-1 展現自己能力、興趣與長處，並表達自己的想法和感受。
二	大家一起做環保	資議 t-Ⅱ-1 體驗常見的資訊系統。 資議 p-Ⅱ-2 描述數位資源的整理方法。 國 5-Ⅱ-4 掌握句子和段落的意義與主要概念。 藝 1-Ⅱ-6 能使用視覺元素與想像力，豐富創作主題。
三	校外教學 Happy GO	資議 t-Ⅱ-1 體驗常見的資訊系統。 資議 p-Ⅱ-2 描述數位資源的整理方法。 英 3-Ⅱ-2 能辨識課堂中所學的字詞。 藝 1-Ⅱ-6 能使用視覺元素與想像力，豐富創作主題。
四	防疫大作戰	資議 t-Ⅱ-1 體驗常見的資訊系統。 資議 t-Ⅱ-3 認識以運算思維解決問題的過程。 資議 p-Ⅱ-2 描述數位資源的整理方法。 國 6-Ⅱ-4 書寫記敘、應用、說明事物的作品。 健 2b-Ⅱ-1 遵守健康的生活規範。
五	成語典故 - 四格動漫	資議 t-Ⅱ-1 體驗常見的資訊系統。 資議 t-Ⅱ-3 認識以運算思維解決問題的過程。 資議 p-Ⅱ-2 描述數位資源的整理方法。 資議 a-Ⅱ-3 領會資訊倫理的重要性。 國 6-Ⅱ-2 培養感受力、想像力等寫作基本能力。 藝 1-Ⅱ-6 能使用視覺元素與想像力，豐富創作主題。
六	視力保健小常識	資議 t-Ⅱ-1 體驗常見的資訊系統。 資議 t-Ⅱ-3 認識以運算思維解決問題的過程。 資議 p-Ⅱ-2 描述數位資源的整理方法。 健 1a-Ⅱ-2 了解促進健康生活的方法。 藝 1-Ⅱ-6 能使用視覺元素與想像力，豐富創作主題。
七	認識臺灣古蹟	資議 t-Ⅱ-1 體驗常見的資訊系統。 資議 p-Ⅱ-2 描述數位資源的整理方法。 資議 a-Ⅱ-3 領會資訊倫理的重要性。 綜 2c-Ⅱ-1 蒐集與整理各類資源，處理個人日常生活問題。 社 3b-Ⅱ-2 摘取相關資料中的重點。
八	臺灣野生動物保育	資議 t-Ⅱ-1 體驗常見的資訊系統。 資議 p-Ⅱ-2 描述數位資源的整理方法。 國 6-Ⅱ-3 學習審題、立意、選材、組織等寫作步驟。 自 pa-Ⅱ-1 能運用簡單分類、製作圖表等方法，整理已有的資訊或數據。

本書學習資源

行動學習電子書

影音、動畫・高品質教學

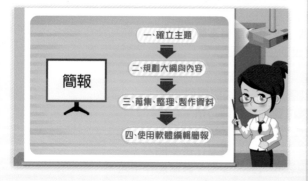

模擬介面・互動學習

完全教學網站

單元	頁次	教學與學習活動
1-1	P08	大家來認識簡報
1-2	P10	常見的簡報製作軟體
1-3	P11	製作簡報的流程
1-4	P12	安裝與執行 Impress
1-5	P14	認識 Impress 操作介面
1-6	P16	小試身手做簡報 - 自我介紹
加油站	P18	安裝【標點符號工具列】
加油站	P25	常見的簡報檔案格式
加油站	P26	認識【投影片】
1-7	P27	大展身手秀簡報 - 觀摩簡報

範本

依據十二年國教新課綱編寫，統整式課程設計，
3D科技應用，創客課程，促進多元感官發展。

臺北市校園國小

全書範例

| 第6課 | 第7課 | 第8課 |

學簡報！

全課播放

課程資源	播放檔	時間
簡報	▶	01:02
做什麼		
	▶	01:45
	▶	01:53
Office 官方網站		
生資源網	▶	03:30
Office 下載		
mpress 介面	▶	01:11
例文字		
載	▶	00:23
號輸入教學		
Office官網-擴充套件		
點符號工具列	▶	00:58
	▶	00:25
	▶	00:30
	▶	00:42

課程遊戲、高學習動機

測驗遊戲・總結性評量

範例練習用圖庫：延伸學習、個別差異

公仔人物

GIF 動畫

相框

卡通人物

目 錄

統整課程

4 防疫大作戰 - 製作圖案與圖表和網頁超連結　　國語文　健體

5 成語典故 - 四格動漫 - 編劇與物件動畫　　國語文　藝術

報告老師！我要學簡報！

- 認識簡報與 Impress

自我介紹

姓名：黃小華
星座：牡羊座
興趣：打棒球

 學 習 重 點

◎ 知道【簡報】的含意
◎ 了解製作簡報的正確步驟
◎ 學會新增、開啓、播放簡報
◎ 練習插入圖片

統 整 課 程

國 語 文　綜 合

大家來認識簡報

【簡報】就是根據主題，將蒐集到的資料，加上
圖片、動畫、轉場特效、聲音...，用簡單明瞭的
方式做報告！

用簡報可以做什麼

寫報告、做專題

分享生活與資訊

大家好！
今天要為大家
報告的是...

訓練表達與溝通能力
(上台做報告)

插圖 (圖案)

文字

音效 (音樂)

照片 (圖片)

動畫效果

影片

2 常見的簡報製作軟體

常見的簡報製作軟體有【Impress】與【PowerPoint】等。

▶ Impress

LibreOffice 的簡報製作軟體叫【Impress】，是免費的自由軟體，功能與 PowerPoint 類似。

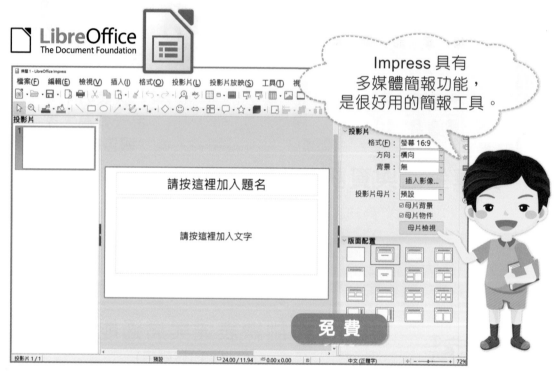

> Impress 具有多媒體簡報功能，是很好用的簡報工具。

免費

> PowerPoint 是歷史悠久的簡報製作軟體，功能相當完整！

▶ PowerPoint

需要購買

3 製作簡報的流程

遵循以下的流程，就可以依照主題，製作出清楚、簡潔的簡報喔！

1 確立主題

根據目的，訂定主題，例如：防疫大作戰。

2 規劃大綱與內容

列出想要呈現的項目、頁數與內容。

標題與內容文字，可先構思好，然後在 Impress 中輸入，或是用文書軟體 (例如 Writer) 打好備用。

3 蒐集、整理(製作)資料

蒐集資料 (圖片、文字、聲音、影片)，彙整到資料夾

4 使用軟體編輯簡報

輸入文字，插入圖片，設定動畫、轉場效果，讓簡報更生動。

蒐集資料時，要注意尊重智慧財產權喔！

4 安裝與執行 Impress

【Impress】是包含在【LibreOffice】系列中的軟體，想使用它，就必須安裝【LibreOffice】。你可以到下列網站下載：

官方網站	校園學生資源網	老師的教學網站
zh-tw.libreoffice.org	good.eduweb.com.tw	位置：

▶ 安裝LibreOffice

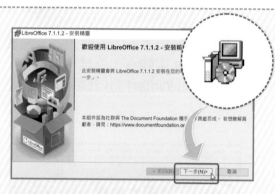

❶ 下載完成後，點兩下安裝程式，按【下一步】

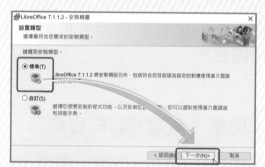

❷ 點選【標準】，按【下一步】

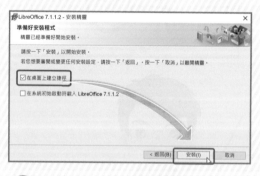

❸ 勾選【在桌面上建立捷徑】後，按【安裝】

❹ 按【完成】，桌面上會顯示捷徑圖示

自由軟體的版本更新變化快速，如果你安裝完成後的版本與本書些微不同，不用擔心，基本的功能、操作與學習技巧都是一樣的！

▶ 執行 Impress

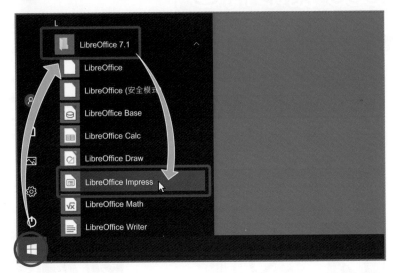

❶ 方法一

按 ⊞【開始】，點選
【LibreOffice7.1 /
LibreOffice Impress】

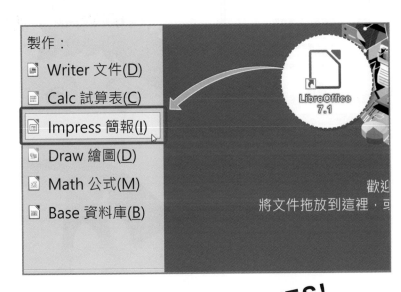

❷ 方法二

在桌面上點兩下捷徑圖示
，再點選【Impress 簡報】

兩種方法都學會了！

YES!

5 認識 Impress 操作介面

為了讓製作簡報更得心應手，趕快來認識 Impress 的操作介面吧！

1 功能列

所有的功能都在這裡

2 工具列

常用的工具按鈕

3 投影片窗格

顯示投影片的縮圖與順序

按 ◀隱藏 ▶顯示

※ 若消失不見，就按功能表【檢視】，勾選【投影片窗格】

4 編輯區

投影片編輯區

5 狀態列

顯示物件大小、位置，投影片目前的總張數與第幾張

在 Linux 作業系統下開啟的【Impress】，只有視窗色彩上有些微的不同，其功能及操作上是一樣的喔！

開啓【認識介面】多媒體
來玩玩看，可以加深印象喔！

工具(T)　視窗(W)　說明(H)

⑦⑥

投影片母片
∨ 用於此簡報

> 最近曾使用
∨ 可使用

0.00 x 0.00　　　中文 (正體字)　⑧　— ∎— + | 88%

可以將工具列圖示變大，看得更清楚，依照下列
步驟將它放大吧！
【工具】標籤 / 選項 / 檢視 / 圖示大小 / 工具列 / 特大型

6 側邊欄

特定功能鈕列

⊡ 屬性

⊡ 投影片轉場

☆ 動畫

▦ 投影片母片

A⁄ 樣式

▤ 圖庫

◎ 助手

按 ▶隱藏 ┃ 顯示

※ 若消失不見，就
　按功能表【檢視】
　，勾選【側邊欄】

7 工作窗格

搭配功能鈕，顯示
該功能的細部選項
(例如：按 ▦ 投影
片母片鈕)

按 ⊠ 關閉；按功能
鈕再度顯示

8 顯示比例

＋拉近　　　一拉遠
按住┃拖曳手動縮放
✛ 適應目前視窗大小

6 小試身手做簡報-自我介紹

相信大家對於製作簡報，應該有基本概念了。這一節就讓我們小試身手，製作一份簡單的自我介紹吧！

▶ 新增空白簡報與輸入文字

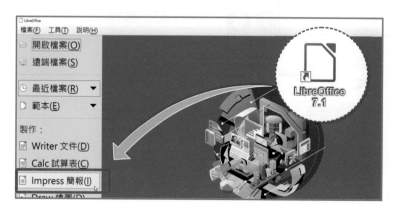

❶ 新增空白文件

在桌面上點兩下捷徑圖示，再點選【Impress 簡報】或按【檔案/新增/簡報】

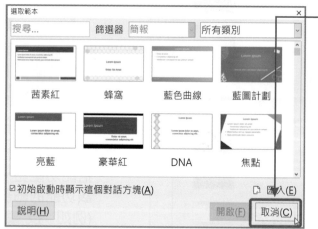

❷

出現對話框，按【取消】

💡 小提示

目前是學習如何輸入內容，還不用選取範本。

 老師說

Impress 投影片常見的比例有 螢幕 16:9、螢幕 16:10 (寬螢幕) 及螢幕 4:3 (標準) 三種，製作簡報時，以符合自己電腦螢幕的比例，來調整投影片大小，投影片播放時能滿版呈現、效果最佳喔！

❸ 變更投影片大小

按側邊欄上的 🔲 【屬性】，點選【格式】的下拉方塊 ⌄ ，選【螢幕 4:3】

> 側邊欄若被隱藏，就按 ▌ 將它展開。

這裡我們是以螢幕 4:3 做示範練習。

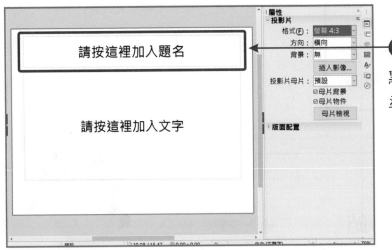

❹ 輸入標題文字

點一下 請按這裡加入題名
準備輸入題名 (標題)

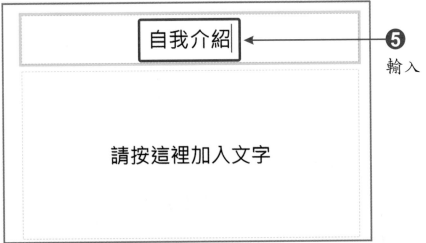

❺
輸入【自我介紹】

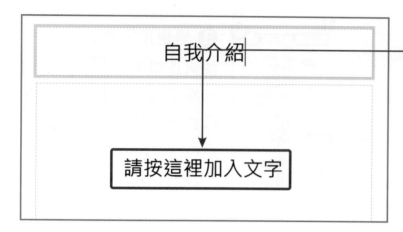

自我介紹

❻輸入內文

點一下 請按這裡加入文字

請按這裡加入文字

❼

姓名：黃小華
星座：牡羊座
興趣：打棒球

輸入個人資料

然後在文字框外的空白處點一下，完成輸入

 簡 報 加 油 站

 輸入標點符號有沒有更快的方法？

超好用的【標點符號工具列】

在 Impress 中，可以將標點符號直接安裝在工具列上，讓輸入標點符號變得更簡便喔！

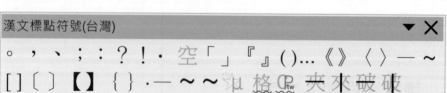

安裝【標點符號工具列】的方法，請參考 教學影片。

▶ 開啟練習小檔案

為了避免重複學習、節省時間，還沒完成輸入個人資料的話，關閉現有文件，開啟練習小檔案繼續練習吧！

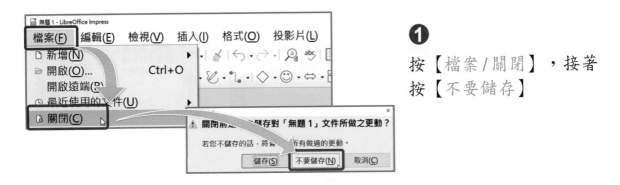

❶

按【檔案 / 關閉】，接著按【不要儲存】

❷

按【開啟檔案】

❸

點選老師指定的範例檔案，按【開啟】
(01-練習小檔案.odp)

雙子座
處女座
　射手座
・・・・・

聽音樂
　吃美食
　　騎單車
・・・・・

老師有準備
十二星座、興趣的文字檔，
可以找適合自己的內容，
複製、貼上使用喔！

▶ 套用內建母片頁面

套用內建的母片頁面，可以快速完成版面設計，快來試試看！

❶

按側邊欄上的 ▦【投影片母片】，點選圖示母片(自然插圖)

> 側邊欄若被隱藏，就按 ◀ 將它展開。

▶ 設定文字格式

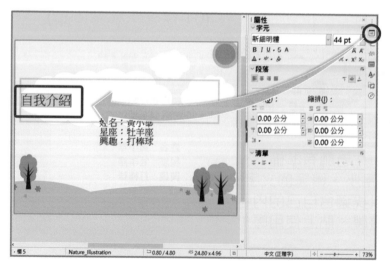

❶

按側邊欄上的 ▤【屬性】，拖曳選取標題

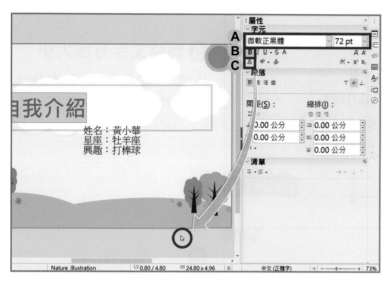

❷

設定文字格式：

Ⓐ 字元：微軟正黑體，
　字元大小：72 pt

Ⓑ 粗體 **B**

Ⓒ 按 [A] 旁的 ▾，點選 ▇

接著空白處點一下，完成
設定

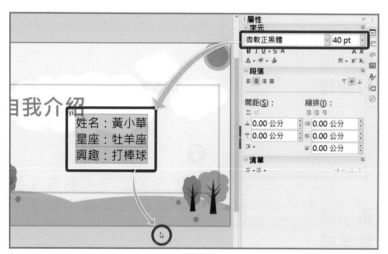

❸

拖曳選取內文，設定文字
格式如圖示，接著空白處
點一下，完成設定

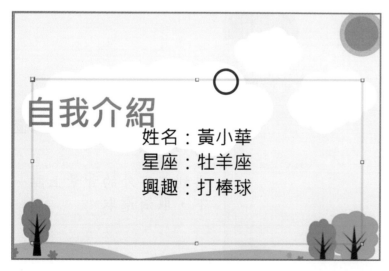

❹ 選取文字方塊

先點一下內容文字，再點
一下框線(全選文字方塊)

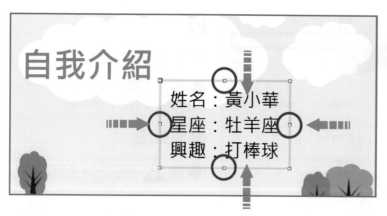

❺ 調整文字方塊大小

拖曳口控點，縮小方塊，到大約符合文字區域

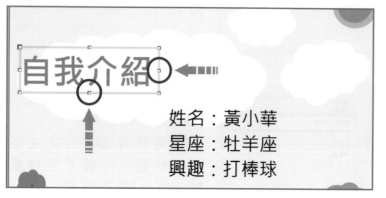

❻

使用相同方法，調整標題的文字方塊大小

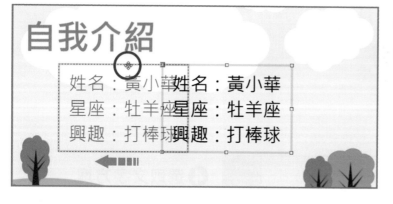

❼

按住內文框線，拖曳方塊，移動到約如圖示位置

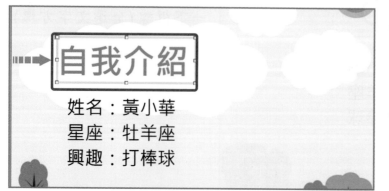

❽

同上步驟，移動標題位置約如圖示

再到文字外的背景上點一下，取消選取

▶ 插入圖片與縮放

① 按 🖼 【插入影像】

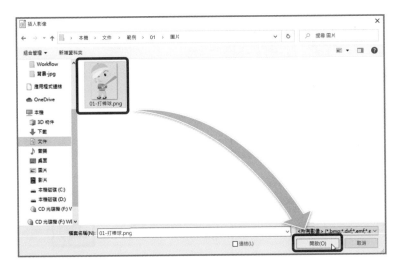

② 點選老師指定的圖片，
按【開啟】

③ 拖曳圖片到右下方後，拖曳圖片右上方的□控點，放大約如圖示

> 游標移到圖片上，變成 ✛ 時，按住左鍵拖曳移動。

> ↗ ↘ 等比例縮放
> ⟷ 左右縮放
> ↕ 上下縮放

▶ 儲存(另存新檔)

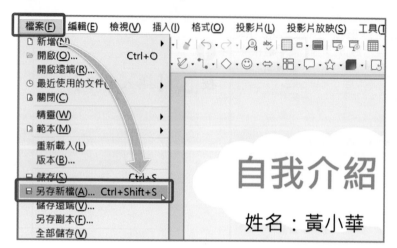

❶

按【檔案】選【另存新檔】

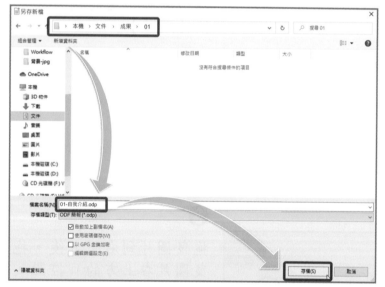

❷

開啟儲存位置，可自訂名稱，然後按【存檔】

💡 小提示

存檔類型預設是【.odp】：

| 檔案名稱(N): | 01-自我介紹.odp |
| 存檔類型(T): | ODF 簡報 (*.odp) |

大家對製作簡報是不是
有點心得了呢？
下一節讓我們來觀摩一份
更完整的簡報吧！

簡報加油站

常見的簡報檔案格式

檔案格式	檔案屬性
.odp	Impress 預設簡報檔格式
.otp	Impress 範本檔，可快速套用完成簡報
.pptx	PowerPoint 簡報檔 (2019/2016/2013/2010 版本)

想在 PowerPoint 中開啟 Impress 簡報檔，必須轉存成 pptx 檔：

❶
按【檔案/另存新檔】

❷
【存檔類型】點選
【pptx】格式

轉存後，
用 PowerPoint 開啟時，
某些效果、字型、物件位置，
可能會不一樣喔！

簡報加油站

認識【投影片】

簡報中一頁頁的文件，稱為【投影片】；因早期的簡報是用實體『投影幻燈片』，所以現在這些頁面，我們也統稱為【投影片】。

咦？那母片呢？

第7課就能學到囉！

已設定好母片、版面，並預先加入各式物件的簡報檔案，就是【範本】。開啟範本，稍加編修，就可快速完成簡報喔！

(Impress 7 有超多範本可以選用喔！)

7 大展身手秀簡報 - 觀摩簡報

按 📁 或快速鍵 Ctrl + O，開啟老師準備的檔案，一起來觀摩這精緻完整、生動活潑的簡報吧！

這是 3 張投影片構成的簡報。
點選左方投影片縮圖，就可以在編輯區中看到該投影片頁面。

Ⓐ 第 1 張投影片：簡報封面

Ⓑ 第 2 張投影片：簡報內容

Ⓒ 第 3 張投影片：簡報結語

▶ 播放簡報

檢視過投影片，一起來觀摩播放看看吧！(簡報可以有動畫效果喔！)

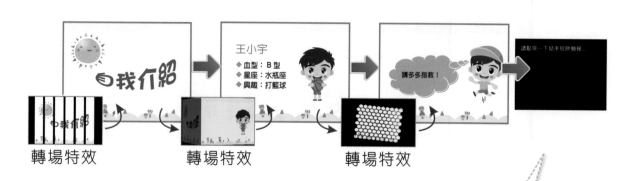

按 或 F5，從第一張投影片開始全螢幕播放

從目前投影片開始

轉場特效 轉場特效 轉場特效

播放下一張投影片

使用按鍵：

● 按 Enter ，或

● 按 PgDn ，或

● 按 ↓

使用滑鼠：

● 按滑鼠左鍵

播放上一張投影片

使用按鍵：

● 按 PgUp ，或

● 按 ↑

使用滑鼠：

● 向上、向下滑動滑鼠滾輪

結束播放

按一下滑鼠左鍵，結束播放

播放中，可按 Esc 或滑鼠右鍵，點選【結束放映】。

下一課，就要進入正式的簡報製作囉！

我 是 高 手　　個人自我介紹

開啟本單元練習小檔案，修改一下自我介紹資料、更換符合興趣的圖片，完成一份你的自我介紹吧！

自我介紹

姓名：林小瑜
星座：射手座
興趣：聽音樂

自我介紹

姓名：王美美
星座：天秤座
興趣：畫圖

自我介紹

姓名：王美美
星座：天秤座
興趣：畫圖

發揮創意，做出獨特的自我介紹吧！

小提示：
點選圖片，按滑鼠右鍵，選【取代】找要更換的圖片，即可快速變更圖片喔！

自我介紹

姓名：陳小美
星座：雙魚座
興趣：直排輪

自我介紹

姓名：王小宇
星座：獅子座
興趣：攝影

（ ）1 簡報的內容，要注意？

    1. 簡單明瞭　　　　2. 文字越多越好　　3. 越花俏越好

（ ）2 下面哪一個是製作簡報的軟體？

    1. Writer　　　　　2. Excel　　　　　3. Impress

（ ）3 想設定文字格式，要先按？

    1. ▢　　　　　　2. ▢　　　　　3. ▢

（ ）4 想插入外部圖片，要按？

    1. ▢　　　　　　2. ▢　　　　　3. ▢

 進階練習圖庫　　　公仔人物

在本書光碟【進階練習圖庫】資料夾中，有很多【公仔人物】提供你做練習喔！

2 大家一起做環保

- 套用範本與版面設計

學 習 重 點

◎ 製作簡報的技巧與設計要領

◎ 學會套用範本與美術字

◎ 學會再製投影片

統 整 課 程

國 語 文　藝 術

我是簡報設計師

簡報是需要裝扮美化的！就像穿著打扮一樣，美化文字、加上圖片、轉場特效、物件動畫，就能夠讓簡報活潑生動、引人注目喔！

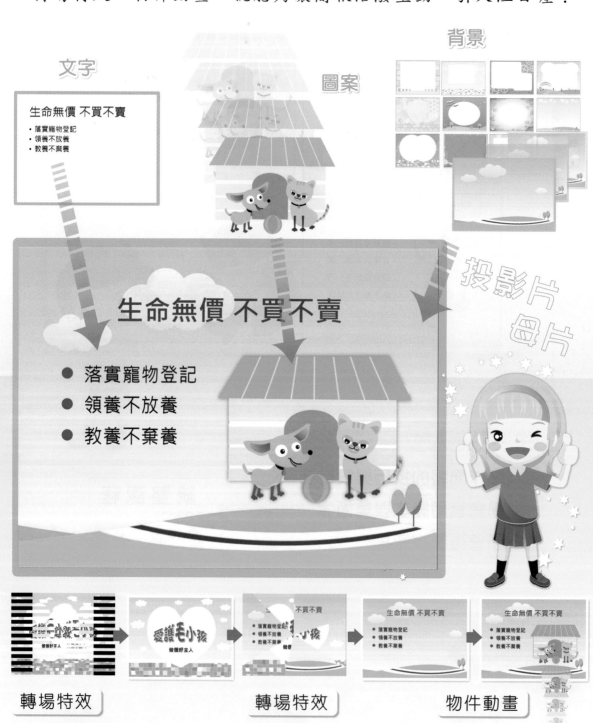

2 簡報設計要領

設計美觀、符合主題的簡報版面,最基本的要領就是:

大又清楚的標題

小又難以閱讀的標題

切合主題的圖片

與主題無關的圖片

簡潔有秩序的內容

物件太多、編排雜亂

套用範本與美術字標題

本課要設計一份含封面與兩張內頁的【大家一起做環保】宣導簡報。讓我們套用範本，並用美術字當標題，從封面開始做起吧！

保護地球，人人有責！

封面

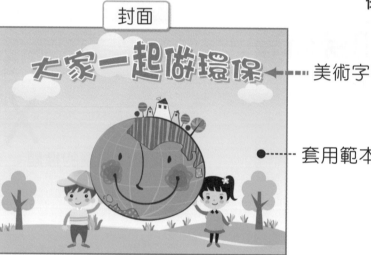

美術字

套用範本

內頁一

資源回收要做好
包裝減量更輕巧
一家一戶種一樹
帶給地球營養素

內頁二　　**修改**

購買電器要記牢
省電效率第一條
關燈節水多步行
綠水青山笑臉迎

項目符號

再製投影片

當版面編排相同，只有內文不同時，
後面會學到快速完成製作的好方法喔！

▶ 插入範本

Impress 內建很多【版面配置】樣式，也就是常見的版面編排範本。利用現成的範本，可省去很多編排上的功夫！你也可以插入自己做的範本快速建立簡報，快來試試看！

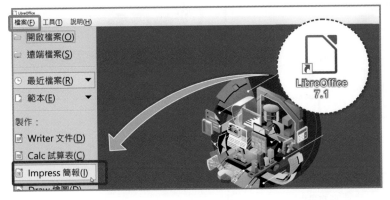

❶

在桌面上點兩下捷徑圖示，再點選【Impress 簡報】或按【檔案 / 新增 / 簡報】

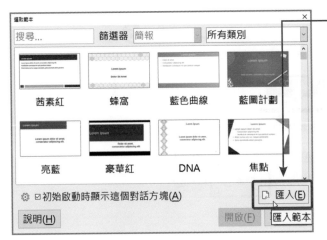

❷

出現對話框，按【匯入】

小 提 示

老師事先做好的環保範本，方便同學做練習。

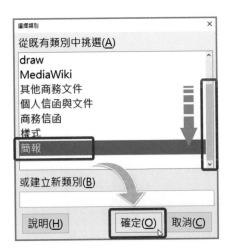

❸

拖曳捲軸到最下面，選擇【簡報】按【確定】

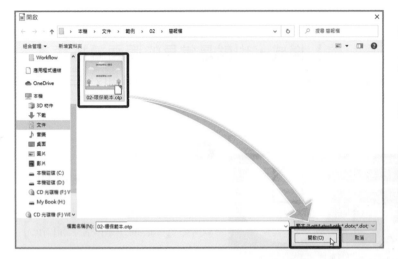

❹

點選老師指定的範本檔案，按【開啟】

(02-環保範本.otp)

💡 小提示

範本的格式一定要是 .otp 才能匯入使用。

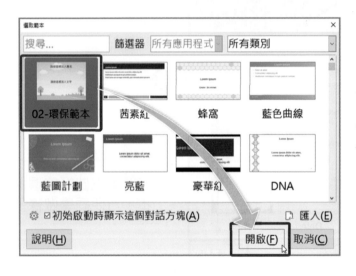

❺

範本成功匯入，點選後，按【開啟】

❻

範本樣式如圖示

▶ 插入美術字當標題

【美術字】就是圖案化的文字，可自訂形狀、顏色、外框....等等，使用上非常靈活！醒目又漂亮！很適合當標題喔！

大家一起做環保 ➜ **大家一起做環保**

資訊安全防身術 ➜ **資訊安全防身術**

美麗的校園 ➜ **美麗的校園**

❶

按住 Shift 鍵，連續點圖示內容，按 Delete 鍵刪除

製作封面時，先刪除不用的物件，避免視覺干擾。

❷

按 F 【插入美術字文字】

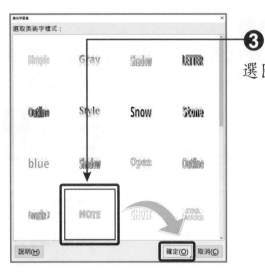

❸

選圖示樣式，按【確定】

❹

出現預設的內容，快速按2下美術字型

❺

輸入【大家一起做環保】，按 ☰【屬性】選圖示字型，然後在美術字外點一下，完成輸入

> 文字內容可從老師準備的文字檔，複製、貼上。

❻

點選文字，移動控點 □ 調整大小約如圖示

❼

在選取文字上，游標變成 ✛，按住左鍵向上拖曳 移動到圖示位置

▶ 美術字形狀

有多種形狀可選擇，拖曳●灰色控點，還可上下微調。

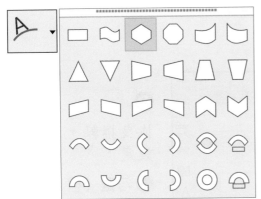

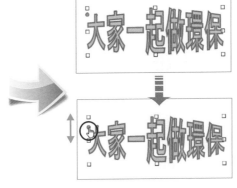

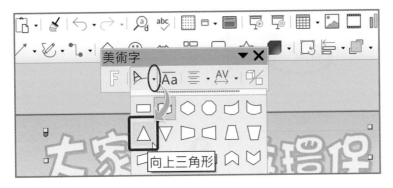

❶

點選圖示的 ⊿ ▾【美術字形狀】下拉方塊，選【向上三角形】

> 點選美術字時，【美術字】浮動視窗會自動出現。

❷

設定成果如圖示

▶ 設定顏色、陰影與外框

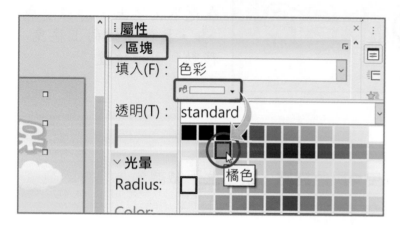

❶

到區塊下，按 ⬜，
點選想要的顏色
(例如橘色)

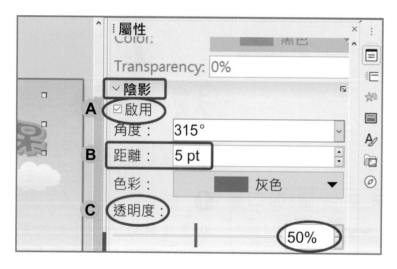

❷

拖曳捲軸，到陰影項目下
設定：

Ⓐ 勾選【啟用】
Ⓑ 距離輸入【5 pt】
Ⓒ 透明度輸入【50%】

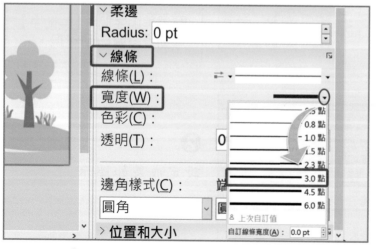

❸

線條項目下，按寬度下拉
方塊，點選【3.0 點】

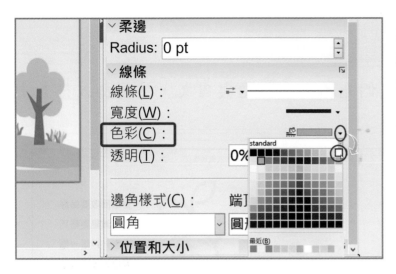

❹

按色彩的下拉方塊，選圖
示顏色□(白色)

最後按⊠隱藏工作窗格

▶ 插入主視覺圖片

❶

按 🖼 【插入影像】，插
入老師指定的圖片
(02-環保01.png)

❷

放大與安排位置約如圖示
，封面就設計完成！

做到這裡，按【檔案/另
存新檔】，先存個檔吧！

4 內頁設計

要開始編輯內頁囉！讓我們先輸入小標題與內文，然後插入符合主題的圖片豐富內容！

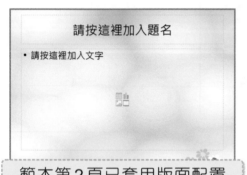

範本第2頁已套用版面配置

加入小標題、內文與圖片

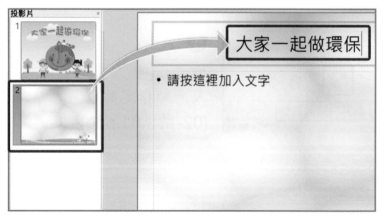

❶輸入小標題

按第2頁投影片，點一下輸入圖示題名

文字內容可從老師準備的文字檔，複製、貼上。

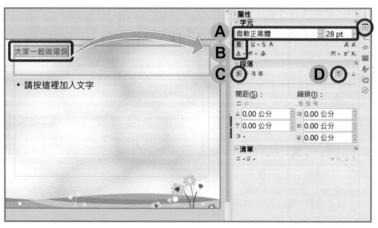

❷

按 Ctrl + A 全選文字，在 ⬛ 下，設定：

Ⓐ 字型：微軟正黑體
　　大小：28

Ⓑ 粗體：B　色彩：A ·

Ⓒ 段落：☰ 左側對齊

Ⓓ 段落：⊤ 向上對齊

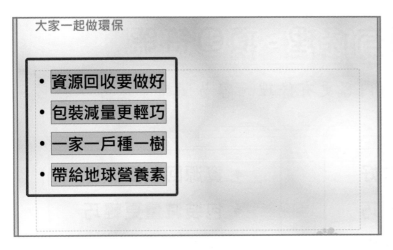

❸ 輸入內文

點一下，輸入內文，全選文字後，設定微軟正黑體、36級、粗體

文字內容可從老師準備的文字檔，複製、貼上。

❹

調整控點，縮小文字方塊，並拖曳到約如圖示位置

❺ 插入圖片

按 🖼 ，插入老師指定的圖片，內頁就設計完成！

5 讓文字更有條理 - 項目符號

【項目符號】讓條列式的內容更有條理、容易閱讀！還可以將它美化喔！

- 資源回收要做好
- 包裝減量更輕巧
- 一家一戶種一樹
- 帶給地球營養素

◆ 資源回收要做好
◆ 包裝減量更輕巧
◆ 一家一戶種一樹
◆ 帶給地球營養素

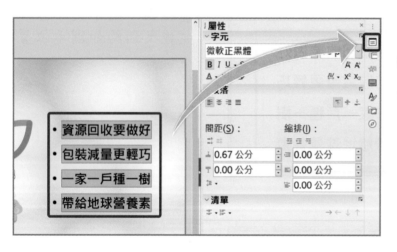

❶

全選內文，按 ⊞ 【屬性】

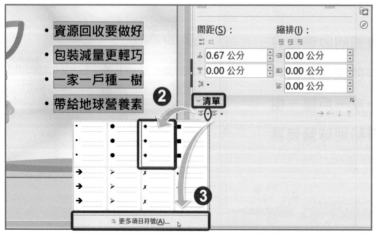

❷ 更換符號樣式

清單下，按 ☰▾【切換項目符號清單】下拉方塊，選擇項目符號

❸ 改變顏色、大小

再按一次 ☰▾，點選【更多項目符號】

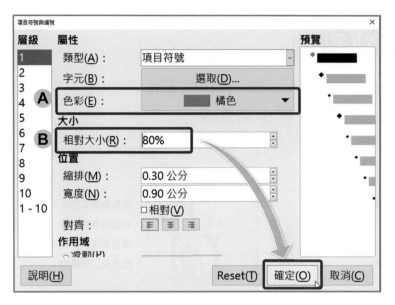

❹

設定如圖示，按【確定】

💡 小 提 示

大小調整為 80%，放大
項目符號讓它更明顯。

❺

在背景上點一下，完成
設定

 老 師 說

按 【編號】清單，可用編號來條列化文字：

1.資源回收要做好	A.資源回收要做好
2.包裝減量更輕巧	B.包裝減量更輕巧
3.一家一戶種一樹	C.一家一戶種一樹
4.帶給地球營養素	D.帶給地球營養素

6 輕鬆再製內頁

因為第2張內頁的版面編輯與第1張一模一樣，讓我們用【再製投影片】來複製，再修改內文，就可快速完成喔！

❶

到投影片縮圖區，在第2張投影片上按右鍵，點選【再製投影片】

❷

修改第3張投影片上的內文(從文字檔複製貼上)，這份簡報就完成囉！

小 提 示

記得按【檔案/儲存】，將成果儲存起來喔！

按 或 F5 播放一下簡報吧！

簡報加油站

列印【投影片】、【講義】、【備註】與【大綱】

按【檔案/列印】，在【一般】標籤下，可以選所有投影片，如果按
【LibreOffice Impress】標籤，在文件/類型的下拉方塊，就能選擇
不同的列印形式：

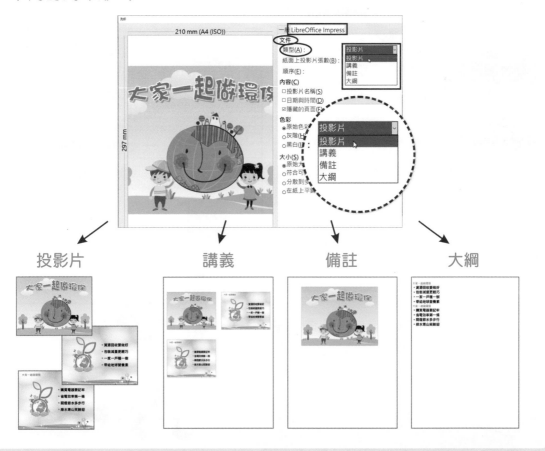

7 上台做簡報

往後有機會上台做簡報時，應該注意些什麼，才能有好表現呢？
開啟老師準備的【上台做簡報.odp】觀摩檔案，仔細閱讀、記取要
領，你也可以是簡報達人喔！

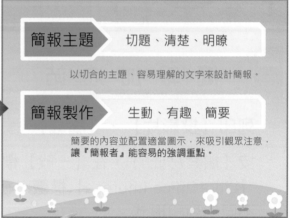

還記得如何操作播放簡報嗎？
到第 1 課 P28 複習一下吧！

我 是 高 手 延伸簡報內容

開啟本單元練習小檔案,將原本內容從兩頁變成四頁吧!

使用複製投影片的技巧,再修改一下文字,
很快就可完成喔!

 練功囉

（ ）**1** 下面哪個不是版面設計的要領？

1.大又清楚的標題　　2.切題的圖片　　3.版面越花俏越好

（ ）**2** 想插入美術字，要按？

1. A　　　　2. F　　　　3.

（ ）**3** 想更改美術字的文字內容，要在美術字上做什麼動作？

1.快速點兩下　　2.按右鍵　　3.按住不放

（ ）**4** 想設定項目符號，要按哪個按鈕的下拉方塊？

1.　　　　2.　　　　3.

進階練習圖庫　　　範本

在本書光碟【進階練習圖庫】資料夾中，有很多【範本】，提供給你做練習喔！

(單張投影片)

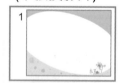   

(多張投影片)

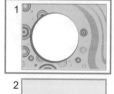  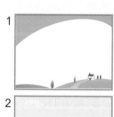 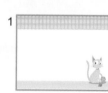

校外教學 Happy Go

- 動態影音相簿

這裡超好玩 So much fun here

美味的小吃 Delicious snacks

美麗的夕陽 Beautiful sunset

學 習 重 點

◎ 知道生活與分享的概念

◎ 學會剪裁、圖層與文字方塊

◎ 學會轉場特效與背景音樂

統 整 課 程

英 語 文　藝 術

生活與分享 – 創意相簿簡報

生活中的點點滴滴，我們都能利用簡報來製作成活動的報告記錄，
更可以用它來彼此分享喔！

2 創意的圖文設計

讓我們設計不同背景的頁面、用漂亮的相框來美化照片，並用中英對照的方式，讓這份校外教學簡報不僅漂亮，還可學英文喔！

中英混用的主標題

封面專用背景

相框 ＋ 照片

中英對照的標題

所有投影片共用背景

淡水八里一日遊

這裡超好玩 So much fun here

搭渡輪　騎自行車

美味的小吃 Delicious snacks

炸蝦捲　阿婆鐵蛋　魚丸湯

美麗的夕陽 Beautiful sunset

望著漁人碼頭的夕陽，依依不捨說再見！

▶ 設定不同的背景圖

這一節先為封面與內頁設計不同的背景圖吧！

僅用於封面

所有投影片共用

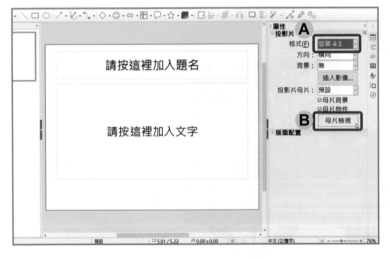

❶ 共用背景圖

新增空白簡報後，設定：

Ⓐ 格式選：螢幕 4:3

Ⓑ 按【母片檢視】

小 提 示

本課投影片大小，使用螢幕 4:3 來做示範。

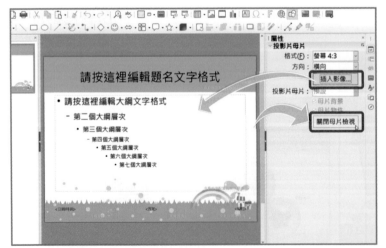

❷

點選【插入影像】依老師指示插入共用背景圖，再按【關閉母片檢視】

小 提 示

設定背景圖，其實已經是在設計【母片】。在第 7 課有詳細的練習。

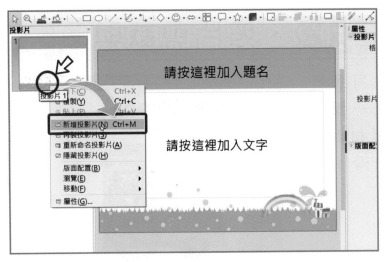

❸

在投影片縮圖區按右鍵，點選【新增投影片】，看看會不會自動套用剛剛設定的背景圖吧！

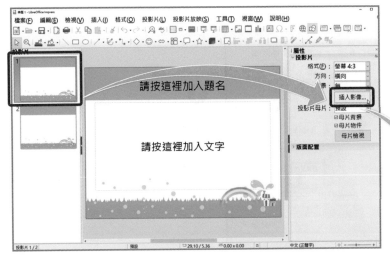

❹ **封面專用背景圖**

點選第1張投影片，按【插入影像】，依老師指示插入封面背景圖

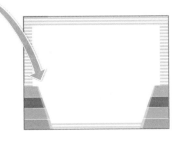

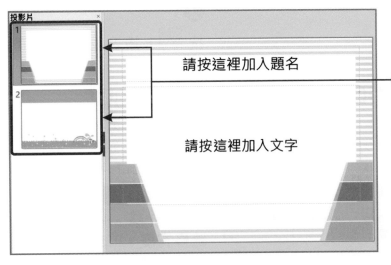

❺

成功設定了共用與封面的背景圖！

③ 設計封面－標題、照片剪裁與圖層

校外教學是班級活動，用同學們的合照當封面主視覺，是一個不錯的 idea！讓我們用特製相框，結合照片，讓它顯得更活潑、更漂亮吧！

▶ 用美術字作標題

還記得美術字怎麼製作嗎？複習一下吧！

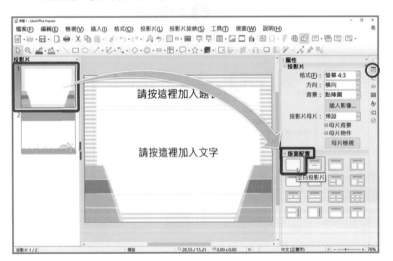

❶

點選第 1 張投影片，再按版面配置選空白投影片

方法參考第 2 課 P37~P41
文字內容可從老師準備的文字檔，複製、貼上。

❷

按 F，插入並完成圖示美術字

樣式： Snow

文字：校外教學Happy Go

字型：華康海報體 Std W12

形狀 ⌒ 向上弧形 (曲線)

區塊色彩：■

陰影 / 距離：4 pt

線條寬度：2.3 點

▶ 插入鏤空相框與照片

鏤空相框加上照片，可以創造更漂亮、活潑的視覺效果喔！讓我們將同學合照，結合火車相框，做出一起搭車出發的感覺吧！

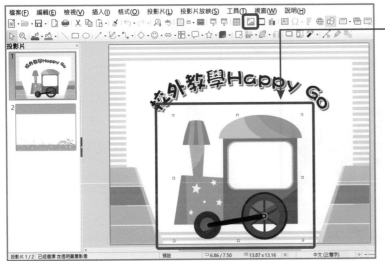

按 🖼，插入火車造型的鏤空相框，並放大約如圖示

用影像軟體去除想變透明的區域，再存成 png 檔，就可以自製相框！

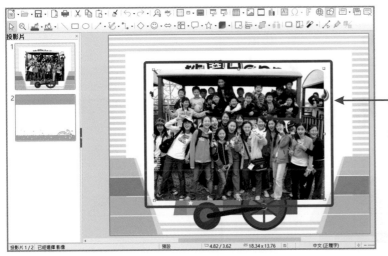

② 繼續插入班級合照

▶ 安排圖層與裁切照片

❸

按 ▣【編排】的下拉方塊
▾，選 ▣【下移一層】
(或移動到最下層)

💡 小提示

先將照片移到下一層，
比較容易安排想顯示的
區域，裁切起來也比較
精準。

❹

拖曳、縮小照片到約圖示
位置

裁切影像

❺

按 ▣【裁切影像】

❻

拖曳角落的 ▛ 或四邊中央的 ▬ ▌裁切照片，使符合鏤空區域

完成後，在照片外點一下結束裁切

> 點一下照片，就可重新再裁切。

> 封面上還需要一個副標題喔！下一節學會文字方塊後，再回來補做吧！

老師說

用一張正面的照片，放到鏤空公仔圖片下方，就可以做出自己專屬的可愛公仔喔！

（在本書光碟【進階練習圖庫】資料夾中，有很多【鏤空公仔】提供給你做練習喔！）

4 內頁標題 – 中英對照更有趣

【中英對照】的標題，不僅有趣，還可順便學英語喔！趕快來做！

這裡超好玩 So much fun here

美味的小吃 Delicious snacks

美麗的夕陽
Beautiful sunset

▶ 插入文字方塊

文字方塊，可以讓你自由、靈活地擺放！做標題、做內文都可以！

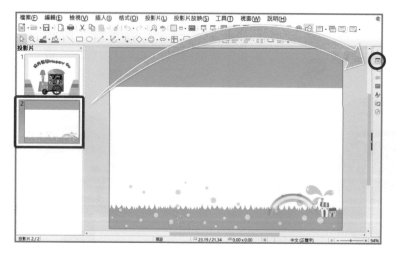

❶

點選第2張投影片，設定
為空白投影片
(🔲 → 🔲)

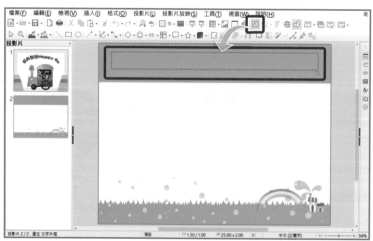

❷

按 A▤ 【插入文字方塊】
，然後在版面上方拖曳出
一個較寬的文字方塊

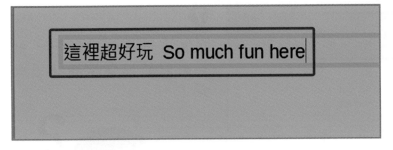

❸

輸入中英對照的文字

> 內容文字可從老師準備的
> 文字檔，複製、貼上。

❹

按 Ctrl + A 全選，

在 📐 下，設定：

Ⓐ 大小：44

Ⓑ 段落：三 置中

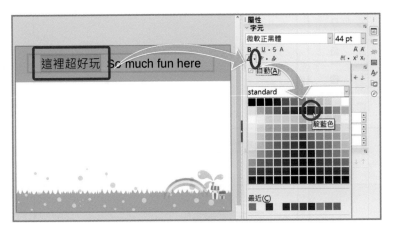

❺

拖曳選取中文字，色彩點
選 ■，或你喜歡的顏色

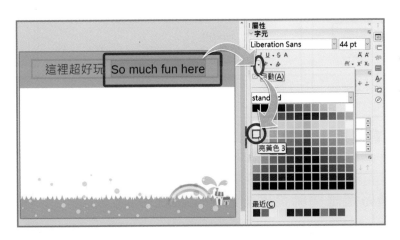

❻

拖曳選取英文字，色彩點
選 □，或你喜歡的顏色

這裡超好玩　So much fun here

❼ 在文字方塊外點一下，中英對照的內頁標題就完成囉！

我的英語沒那麼好，需要翻譯時，該怎麼辦呀？

簡報加油站

【Google 翻譯】是翻譯的好工具！

❶ 到Google首頁，按 ，點選 翻譯

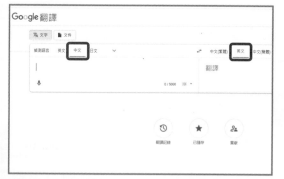

❷ 左邊點選中文，右邊點選英文

❸ 左欄輸入中文，右欄就會立即出現翻譯後的英文

❹ 在英文上按右鍵，點選【複製】，就可貼到簡報或文件上備用

註：完成的翻譯內容，最好還是請師長確認一下正確性喔！

5 內頁視覺設計 – 群組與旋轉

將數個物件群組起來，就可以一起旋轉、縮放、移動或設定動畫。

相框

照片

文字方塊

搭渡輪

群組

搭渡輪

一起調整

▶ 組合照片與相框

1

點選第 2 張投影片，完成圖示兩個照片與相框的組合，並加上陰影

> 若為了節省重複學習的時間，可跳過這步驟，開啟老師準備的練習小檔案，繼續往下練習。

▶ 製作圖說文字

1

按 Ａ᷍，在圖示位置，插入兩個文字方塊當作圖說文字

▶ 群組與旋轉

❶ 群組

框選左方的照片與相框
(含文字方塊)

❷

在選取的物件上按右鍵，
點選【群組】

💡 小提示

想取消群組，可點選物
件，再按右鍵，點選【
取消群組】即可。

❸ 旋轉

再點一下物件，變成可旋
轉狀態
(控點會變成 ● 與 ◐)

4

按住角落的 ● ，旋轉物件

調整到想要的角度後，在
物件外點一下，取消選取

任何時候，想還原上一個
動作，可按： Ctrl + Z

5

接著群組並旋轉右方物件
(照片＋相框＋文字方塊)

6

最後可以再調整一下所有
物件位置

6 檔案共享與使用 – 插入外部投影片

插入老師、朋友或同學製作的投影片，可讓簡報更豐富、更快速完成！這就是檔案共享概念！(利用此概念，也可共同創作喔！)

用老師準備的檔案來練習一下吧！

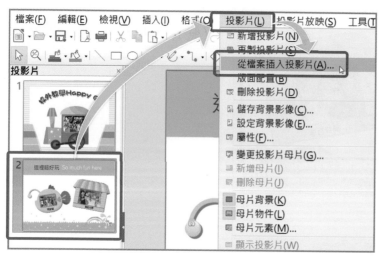

❶

點選第2張投影片，再按【投影片／從檔案插入投影片】

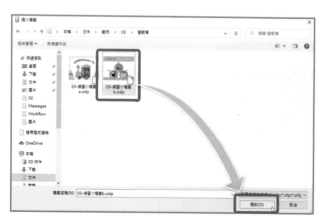

❷

點選老師指定的練習小檔案，然後按【開啟】

❸

確認取消勾選【連結】，
然後按【確定】

> 取消連結圖片，往後在
> 移動檔案時，才不會發
> 生看不到圖片的情形。

❹

成功插入另一份簡報
(2張投影片)

❺

最後點選第1張投影片(封
面)，用文字方塊製作一個
副標題，這份簡報的版面
就編輯完成囉！

> 小 提 示
>
> 先儲存一下檔案吧！

用【複製 / 貼上】也可以共享檔案，例如：

1 開啟同學的檔案，在物件上按右鍵，點選【複製】。

2 切換到自己的簡報檔 (投影片) 上，在編輯區按右鍵，點選【貼上】。

上網搜尋，
再【複製】或【另存】，
也可以取得網路上
共享的資源喔！

 老師說

調整投影片順序

按【檢視 / 投影片整理】，就可以用拖曳的方式，調整投影片順序：
(按【檢視 / 一般】回到編輯模式)

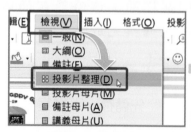

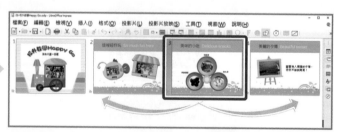

7. 轉場特效與背景音樂

Impress 內建很多【轉場特效】，可以在投影片切換 (換頁) 時，產生酷炫的動畫效果喔！另外，再加上背景音樂，就是名符其實的動態影音相簿囉！

滾輪

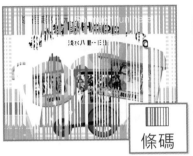
條碼

立方體

▶ 設定轉場特效

1 點選第 1 張投影片，設定：

A 按 ▤ 投影片轉場

B 拖曳捲軸，瀏覽、點選想要的轉場特效 (在編輯區中可即時預覽)

C 按 [將轉場套用到所有投影片]

※ 也可以逐張設定不同的特效喔！

▶ 加入背景音樂

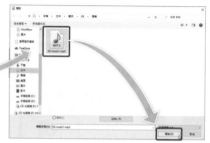

❶

按聲音右方的 ∨，點選
【其他聲音】

然後【開啟】音樂檔案

❷

勾選【循環到下個聲音出
現為止】

> 背景音樂必須設定在第1
> 張投影片，而且其他投影
> 片上，不可以有聲音喔！
>
> 如果已經有同檔名音樂，
> 要換名稱才會出現聲音。

❸

動態影音相簿完成囉！
【另存新檔】後，按 或 F5 播放一下吧！

> 背景音樂是以【連結】
> 的方式插入，若要在其
> 他電腦播放簡報，需將
> 音樂檔與簡報放在同一
> 資料夾。（可能需要重
> 新設定一次）

我是高手 更換相框和加轉場特效

開啟本單元練習小檔案，更換第 1 張投影片的相框，並將每頁投影片加入不同的轉場特效吧！

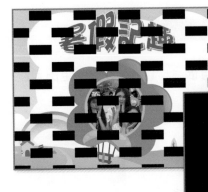

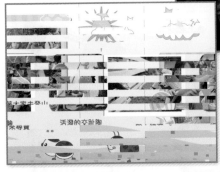

轉場特效就依自己的喜好來挑選吧！

 練功囉

( ) **1** 想改變物件的上下位置，要按？

1. [圖示] 2. [圖示] 3. [圖示]

( ) **2** 想裁切照片，要按？

1. A 2. [圖示] 3. [圖示]

( ) **3** 想插入文字方塊，要按？

1. F 2. A 3. A≣

( ) **4** 想旋轉物件，在點選物件後，要再做什麼動作？

1. 再點一下物件　　2. 按右鍵　　　3. 滑動滾輪

 進階練習圖庫　　　相框

在本書光碟【進階練習圖庫】資料夾中，有很多【相框】，提供給你做練習喔！

4 防疫大作戰

- 製作圖案與圖表和網頁超連結

◯ 學 習 重 點

◎ 發想切題的主視覺

◎ 練習圖案與圖表製作

◎ 學會設定網頁超連結

統 整 課 程

國語文　健體

疾病防治宣導簡報－小動作護健康

常見登革熱、腸病毒、新冠肺炎、流感...等傳染病，除了保持良好生活習慣，可製作疾病防治簡報來宣導，達到降低感染機率喔！

② 切題的主視覺 - 圖案與圖片的組合

本課的練習目標是製作一份防疫大作戰的宣導簡報。讓我們根據主題,從封面的主視覺圖案開始做起吧!

主視覺圖案

用圖表讓資訊更清晰易懂

單純的文字資訊

如何預防病毒感染

- 正確洗手防感染
- 公共場所戴口罩
- 眼睛口鼻少碰觸
- 運動健康免疫好

正確洗手五步驟

濕	開水龍頭把手淋濕,抹上肥皂或洗手乳
搓	肥皂起泡後,手心手背和指縫搓揉 20 秒
沖	清水將手沖洗乾淨,不殘留
捧	捧水沖洗水龍頭後並關閉它
擦	用乾淨毛巾或紙巾把手擦乾

疾管署兒童網

網頁超連結

▶ 發想切題的主視覺

病毒可經由接觸、飛沫等傳播,而遭受感染!

除了有防疫小超人,為了消滅病毒,我們加上【禁止】標誌!

▶ 使用內建圖案做禁止標誌

想快速製作圖案嗎？其實 Impress 有很多內建的美工圖案可以用喔！

基本形狀
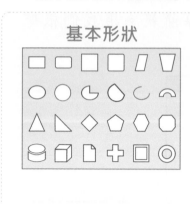

符號形狀

星星與綵帶

箭頭圖案

1 開啟本課練習小檔案

封面
需要加入主視覺圖案

內頁一
已事先編排設計完成囉！

正確洗手五步驟

內頁二
需要加入內容資訊

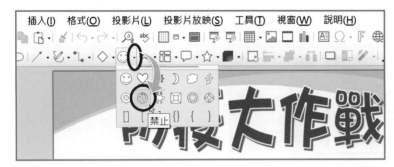

❷

按 ◎ 的 ，點選 ◎ 禁止

❸

到封面頁(第1張投影片)，製作出一個正圓形的禁止標誌

> 按住 Shift ，從左上向右下拖曳，即可製作正圓形(或正方形) 圖案。

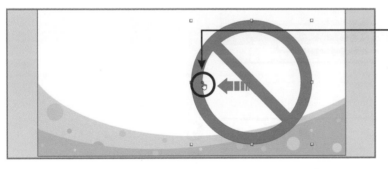

❹

往左拖曳 ●，縮小調整圖案的粗細

❺

按 ，設定色彩與線條：

區塊 / 填入 / 色彩：■

按線條樣式的 ，點選【無】

▶ 圖片去背

❶

按 ，插入病毒圖片

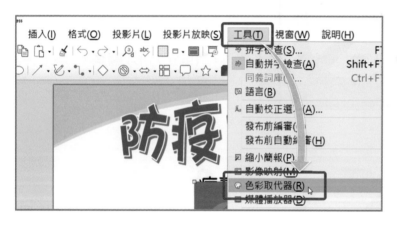

❷

圖片選取的狀態下，按
【工具 / 色彩取代器】

❸

Ⓐ 按 【吸色管】

Ⓑ 到病毒圖片的背景上，按
一下左鍵，吸取顏色

> 吸取的顏色，就是要設定
> 為透明的區域。

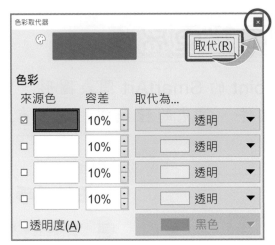

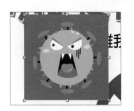

④

按【取代】，再按 ✕ 關閉

▶ 快速複製圖片(物件)

①

先拖曳病毒到標誌上，再按住 Ctrl ，拖曳病毒到圖示位置，快速複製

②

縮小、旋轉圖片，到如圖示的位置

③

最後插入防疫小超人圖片，調整大小到圖示位置，完成主視覺圖案

用圖表讓資訊更易懂

Impress 有類似 PowerPoint 的 SmartArt 圖表圖形，它可以輕鬆套用、快速建立圖形化的文件。常見的種類與用途，有下列幾種：

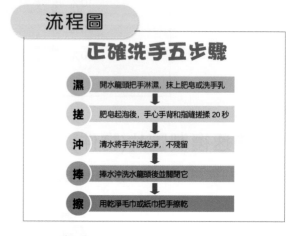

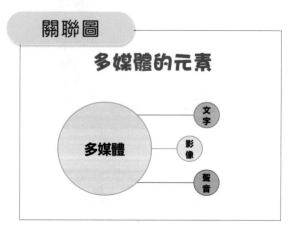

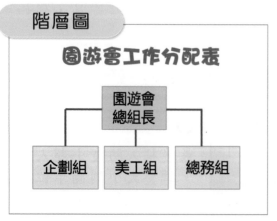

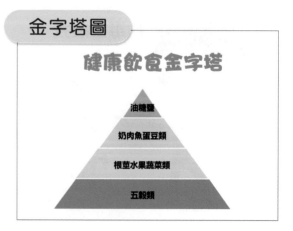

▶ 插入圖表 - 流程圖

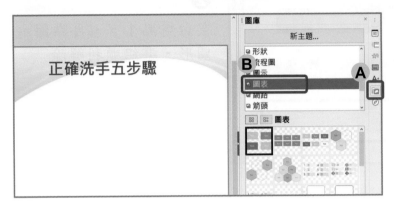

❶

到第3張投影片：

Ⓐ 按側邊欄的 🖼【圖庫】
按鈕，展開工作窗格

Ⓑ 點選【圖表】

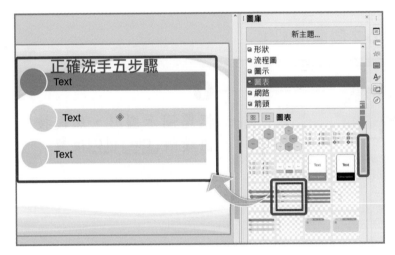

❷

向下移動捲軸，選圖示圖
表，拖曳到頁面

▶ 取消群組

正確洗手五步驟需要5個圖形，在增加2個圖形前，先來解除群組。

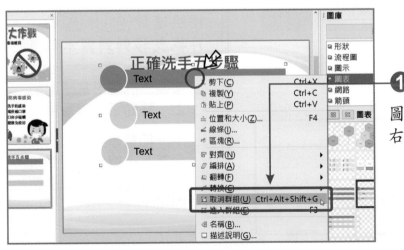

❶

圖表選取狀態下，按滑鼠
右鍵選【取消群組】

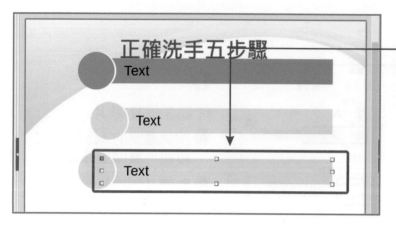

2

空白處點1下，再點圖示
圖形，群組順利解除

▶ 複製圖形

接著來學習如何增加另外 2 個圖形吧！

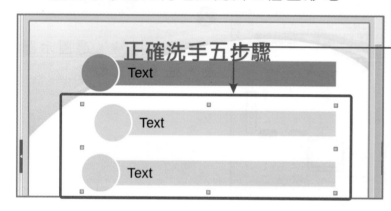

1

框選圖示圖形，然後按
快速鍵 Ctrl + C 複製

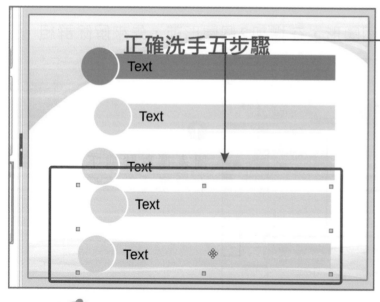

2

按快速鍵 Ctrl + V 貼上，
再拖曳移動到圖示位置

複製出的圖形會原地貼
上，移動它才會看見。

下一節會學到【對齊與
分布】，讓圖表整齊排
列，這裡只要大概調整
即可。

▶ 更換圖表顏色

圖表除了預設的顏色，也可以更換自己喜歡的顏色，來試試看吧！

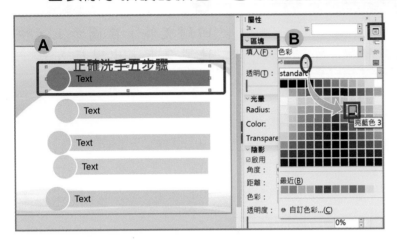

1

A 框選圖示圖形

B 按 ⊡【區塊／填入／色彩】
的下拉方塊 ·，點選喜歡
的顏色

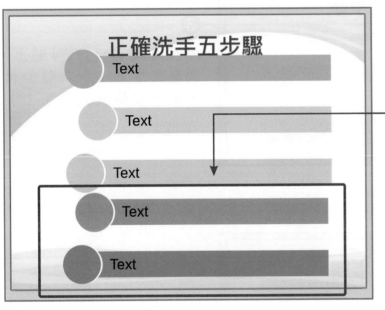

2

同上步驟，更換圖示圖形
顏色

▶ 填入資料

*04-文字檔.txt - 記事本

檔案(F) 編輯(E) 格式(O) 檢視(V) 說明

濕

開水龍頭把手淋濕，抹上肥皂或洗手乳

搓

1

打開老師準備的文字檔，
拖曳選取文字，按快速鍵
Ctrl + C 複製

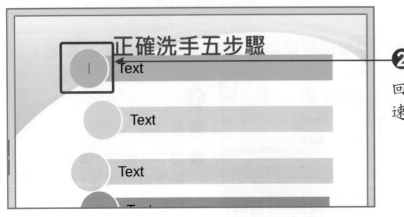

❷ 回到文件，在圖示上，快速點2下，出現插入點

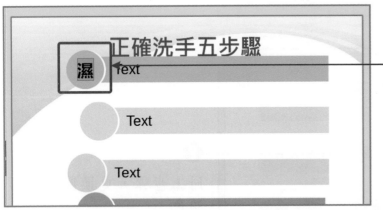

❸ 按快速鍵 Ctrl + V 貼上，調整文字大小和字體加粗，第一步驟就完成了！

字型大小：36

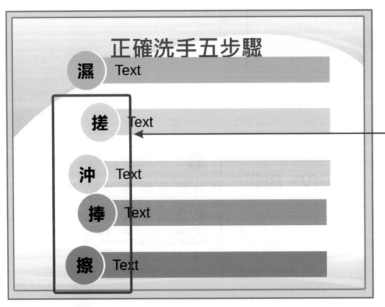

❹ 使用相同的技巧，陸續填入其他4個步驟，如圖示

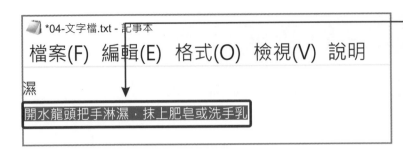

5 再切換回文字檔，拖曳選取文字，然後按快速鍵 Ctrl + C 複製

接著要填入正確洗手五步驟的內容。

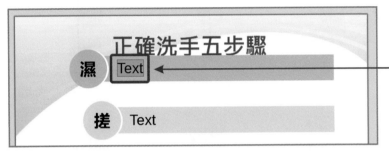

6 回到文件，拖曳選取圖示文字

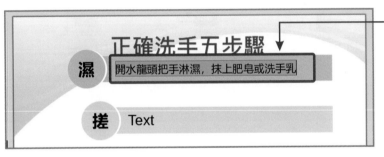

7 按快速鍵 Ctrl + V 貼上，調整文字大小，完成第一步驟內容

字型大小：24

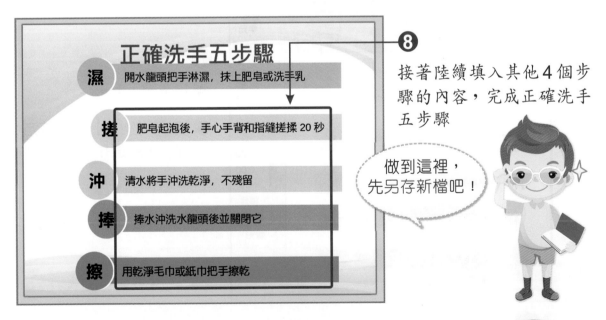

8 接著陸續填入其他4個步驟的內容，完成正確洗手五步驟

做到這裡，先另存新檔吧！

4 乖乖排排站 - 對齊與分布

使用【對齊】與【分布】功能，可讓物件整齊排列喔！

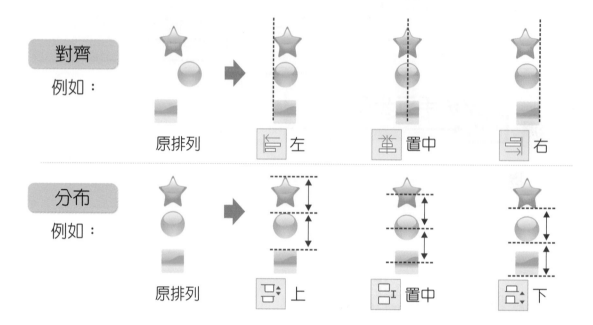

對齊				
例如：	原排列	左	置中	右

分布				
例如：	原排列	上	置中	下

▶ 對齊

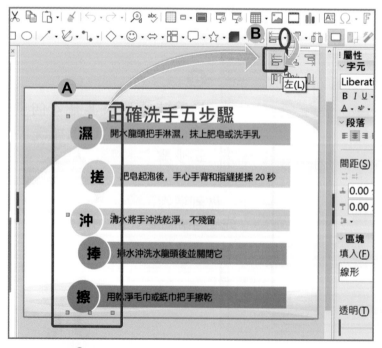

1

A 框選圖示圖形

B 按 【對齊】的下拉方塊 ，點選 【左】

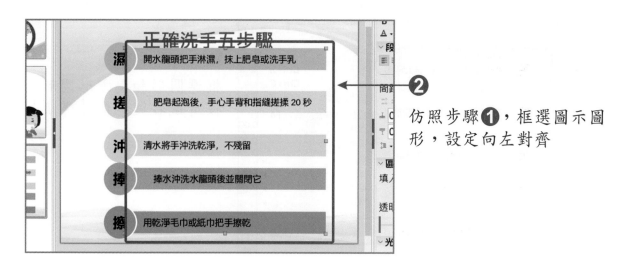

仿照步驟❶，框選圖示圖形，設定向左對齊

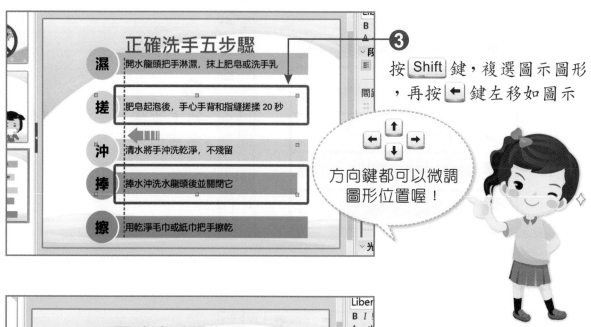

按 Shift 鍵，複選圖示圖形，再按 ← 鍵左移如圖示

方向鍵都可以微調圖形位置喔！

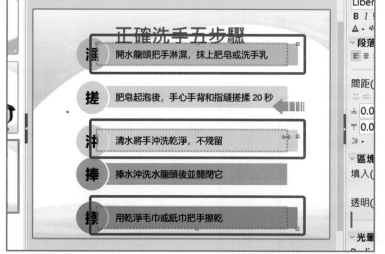

④

再按 Shift 鍵，複選圖示圖形，向左推縮小圖形約如圖示

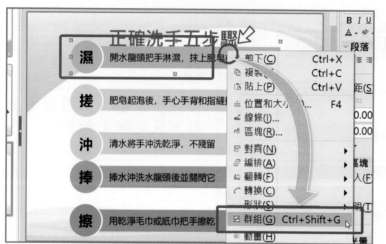

❺

框選圓形和長方形圖形，
按滑鼠右鍵，選【群組】

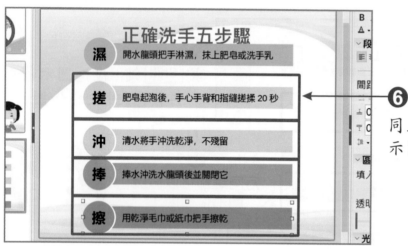

❻

同上步驟，陸續群組如圖
示圖形

▶ 分布

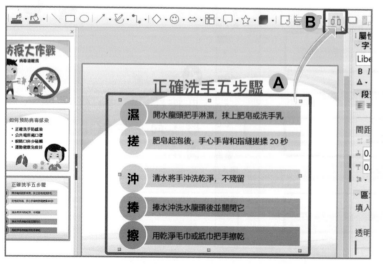

❶

A 調整濕、擦圖形位置，約
如圖示，再全部框選

B 按 🔲【分布】

先定位最上與最下圖形
位置，再做分布設定。

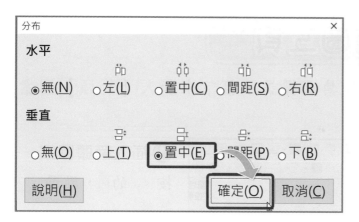

❷

點選【置中】再按【確定】

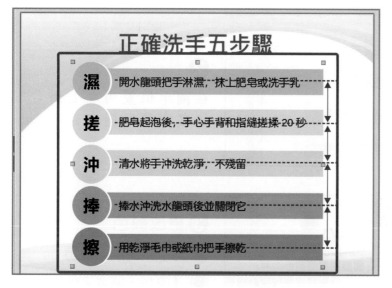

❸

調整後的結果如圖示

❹

最後再群組所有圖形，如圖示

5 好用的繪圖工具

前面學了用【符號】製作禁止標誌，接下來加入【箭頭】圖案強調
正確洗手五步驟的順序。

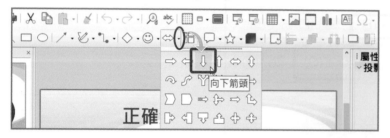

❶插入箭頭圖案

按 ⇔ 的 ·，點選 ⇩ 向下
箭頭

❷

在圖示位置由左上到右下
拖曳出箭頭圖案

❸更改顏色

Ⓐ 向下微調箭頭位置

Ⓑ 【區塊 / 填入 / 色彩】選
■ (或你喜歡的顏色)

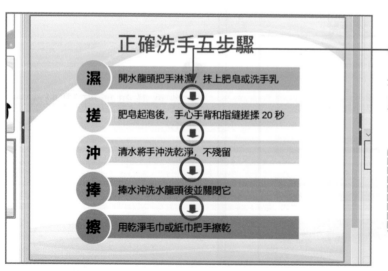

❹

運用學到的技巧，複製、
貼上箭頭圖案，成果約如
圖示

快速鍵：
複製： Ctrl + C
貼上： Ctrl + V

6 更多資訊看這裡 - 網頁超連結

在圖案或文字上都可以加上網頁超連結，按一下就開啟連結的網頁

▶ 製作圖案

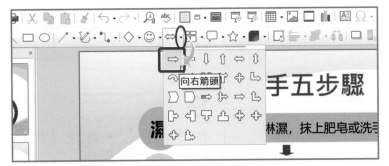

❶

按 ⇨ 的 ·，點選 ⇨ 向右箭頭

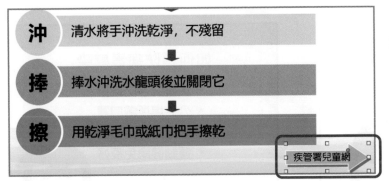

❷

製作一個圖示圖案

▶ 加入網頁超連結

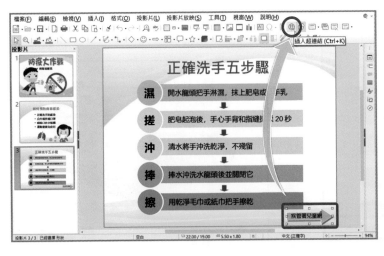

❶

點選圖案，按 🌐【插入超連結】

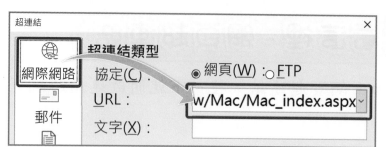

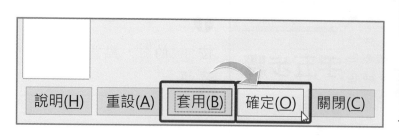

❷
在【網際網路】，輸入
疾病管制署兒童網網址：
http://cdc.media-net.com
.tw/Mac/Mac_index.aspx

> 網址可從老師準備的文字檔，複製、貼上。

❸
按【套用】，再按【確定】

這份宣導簡報完成囉！存檔後，按 🖳 或 F5 播放一下吧！

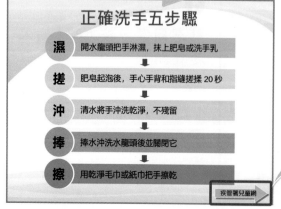

我是高手　　製作圖表

開啟本單元練習小檔案，了解一下【防治登革熱】簡報內容，用學到的技巧，在第3張投影片中，製作另一種樣式的圖表吧！

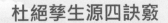

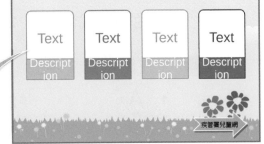

有空可以多試試其他圖表喔！

示範參考

 練功囉

( )1 想加入圖表，要按？

1. ▥ 2. ☆ 3. 🖼

( )2 想在圖案上加入文字，要先在圖案上做什麼動作？

1. 點一下 2. 快速點兩下 3. 按右鍵

( )3 想去除圖片的背景，要按【工具】，然後點選？

1. 色彩取代器 2. 按右鍵 3. 自訂

( )4 想在圖案或文字上，加上網頁超連結，要按？

1. A 2. 🌐 3. ↔

進階練習圖庫   主題圖片

在本書光碟【進階練習圖庫】資料夾中，有【主題圖片】提供給你做練習喔！

5 成語典故 - 四格動漫

- 編劇與物件動畫

◎ 了解編劇的技巧

◎ 練習製作圖說文字

◎ 操作物件動畫

統 整 課 程

國 語 文 　 藝 術

成語圖說－一圖解千文

我們常說《一圖解千文》，有時候一張圖、一句成語、一份簡報，是最快、最有效的表達方式喔！

四格動漫

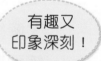

2 腳本設計的秘訣

四格動漫腳本的設計，只要根據主題，掌握【起】、【承】、【轉】、【合】的原則，就可以發想出一段完整的腳本(劇情)。

例如：

故事的起因、開場敘述

發生什麼事件 (或問題)

針對事件 (問題)，產生變化結果

故事收尾敘述

 老師說

本課就以【亡羊補牢】，來做一份成語典故動漫簡報。想知道更多的成語典故，可以上【教育部 - 成語典】 https://dict.idioms.moe.edu.tw 來查詢喔！

③ 故事的開始 - 開場白

有了成語典故當動漫腳本，就要有演員來表演！
為了讓觀眾迅速入戲，就從故事的【開場白】開始做起吧！

▶ 建立開場白

為了節省時間，練習小檔案已預先做好背景、演員和故事收尾囉！

❶

開啟練習小檔案，檢視一下每張投影片，然後點選第1張投影片

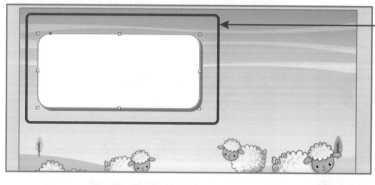

❷

按 ◇ 的 ·，點選 □，拖曳製作出圖案，再按 ≡ 設定色彩、陰影與線條

方法參考第2課P40-41。

草地上養了許多羊，
有一天籬笆壞了 ...

❸

圖案快速點2下，輸入文字，並設定格式

可從老師準備的文字檔複製、貼上。

方法參考第2課P42。

4 演員說話囉-圖說文字

讓我們用內建的圖說文字，來製作演員說話的泡泡吧！首先，先調整演員的對話位置。

▶ 演員調整-翻轉物件

❶

到第2張投影片，發現小鹿演員沒有面對小女孩

❷

點選小鹿，按右鍵，點選【旋轉或翻轉/水平方向】(左右翻轉)

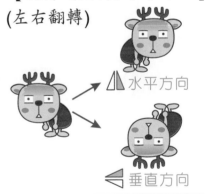

▶ 插入圓角矩形圖說文字

接著依序幫演員，製作說話泡泡吧！

❶

在第 2 張投影片，
按 ▭▾ 的 ▾，點選 ▭
圓角矩形圖說文字

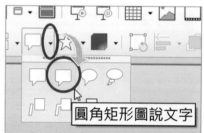

圓角矩形圖說文字

❷

拖曳製作出圖案

❸

按住尖端的 ●，拖曳到圖
示位置

4

按 設定色彩、陰影與線條

5

圖案上快速點 2 下，輸入文字，並設定格式

可從老師準備的文字檔，複製、貼上。

▶ 複製與貼上

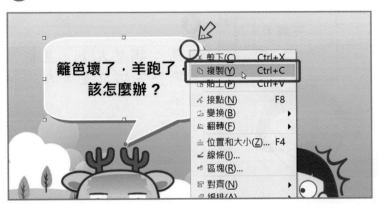

1

在圖案上按右鍵，點選【複製】

也可點選圖案後，按 Ctrl + C

按 Ctrl + V 貼上圖案

將複製出的圖案拖曳到圖示位置，並修改文字

拖曳 □ 調整大小、並拖曳 ● 調整尖端位置，大約如圖示

❺

繼續用複製、貼上的技巧，在第 3 張投影片上，製作出圖示圖說文字

❻

檢視目前投影片，確認完成所有故事內容

5 動漫影片開麥拉 - 自訂動畫

讓開場白、演員與對話，按照劇情順序【動】起來，原本靜止的【漫畫】，就會變成生動活潑的【動漫】影片喔！

▶ 【進入】動畫

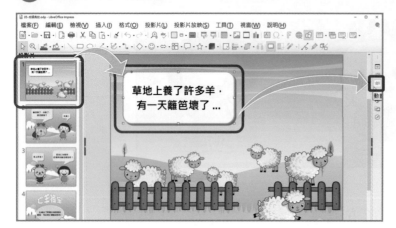

❶

點選第 1 張投影片、點選開場白圖案，再按 ☆ 動畫

❷

按 ➕【加入效果】

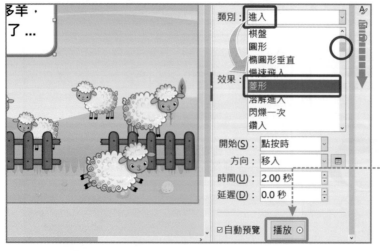

❸

預設是【進入】類別，效果點選例如菱形

> 點選效果後，會自動預覽播放一次。想再度預覽，就按下方 播放 ⊙ 。

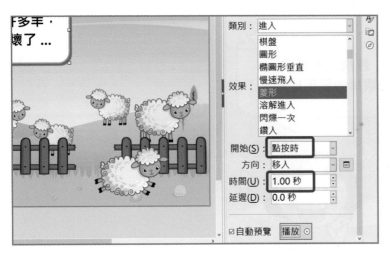

❹

因為是第一張，所以開始設定為點按時

時間可以設定為1.00 秒，才不會太拖時間

❺

到第2張，依序設定想要的動畫效果，開始改為前動畫播放後

這樣就可以不需點按，自動播放動畫。

除了【進入】，還有【強調】、【離開】等類別的動畫可以選喔！

有些動畫還可以設定方向喔！

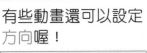

加入動畫後，上方窗格會出現清單。點選名稱，可以移除效果或調整順序：

動畫設定真有趣

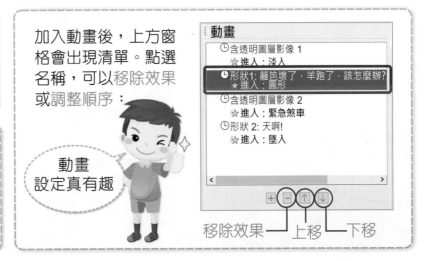

移除效果 ── 上移 ── 下移

❻
到第3張，依序設定物件
動畫 (前動畫播放後)

▶ 【路徑】動畫

除了【進入】等動畫效果，還有一種特別的【路徑】動畫，可以讓
物件沿著路徑 (線條) 來移動！讓我們將它套用在小羊圖案上，讓小
羊跳起來吧！

向左彈跳　　　　　　　　漣漪　　　　　　　　　　　梯形

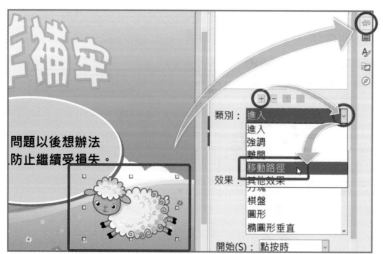

❶
到第4張，點選小羊圖案
→ ☆ → ＋ →類別的 ∨
→移動路徑

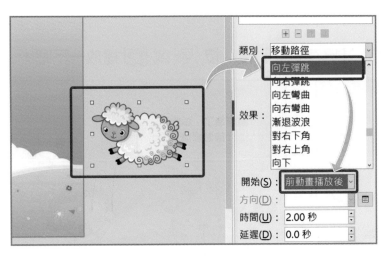

❷

拖曳小羊到編輯區外面，
約圖示位置
效果點選向左彈跳→
開始點選前動畫播放後

把小羊先移到編輯區外
，播放動畫時，小羊才
會從外面跳進來。

❸

點選線條，向左拖曳到如
圖示位置

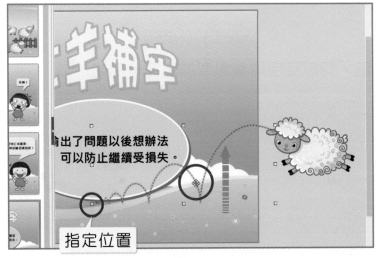

❹

再將線條上移到如圖示，
小羊就會跳到指定位置

▶ 播放看動漫

這份四格動漫簡報完成囉！【另存新檔】後，按 🔲 或 F5 播放一下吧！

 簡 報 加 油 站

【自由線條】路徑動畫

效果點選【自由線條】的話，可以徒手繪製想要的路徑，例如：

我 是 高 手　　新增動畫

開啟本單元練習小檔案，為上面的物件加入動畫效果吧！

自己發想對白，
再更改對話內容！
比比看，
誰的動漫最有趣！

109

練功囉

( ) **1** 哪個是加入圖說文字的按鈕？

1. ▢▾　　　　　2. ⬌▾　　　　　3. ◇▾

( ) **2** 想改變圖說文字的尖端位置，要拖曳？

1. □　　　　　2. ●　　　　　3. 兩者皆可

( ) **3** 想加入物件動畫，要按？

1. ☆　　　　　2. ▤　　　　　3. ▤

( ) **4** 想讓物件沿著線條路徑移動，要點選哪種動畫類型？

1. 進入　　　　　2. 強調　　　　　3. 移動路徑

進 階 練 習 圖 庫　　　卡通人物

在本書光碟【進階練習圖庫】資料夾中，有許多【卡通人物】提供給你做練習喔！

6 視力保健小常識

- 互動問答遊戲

視力保健小常識
保護靈魂之窗

哪個是視力保健的好方法？
常打電動　經常玩手機　戶外踏青

答錯囉！
重新作答

答對了！
很厲害喔！
結束

（學）（習）（重）（點）

◎ 了解問答遊戲規劃要領

◎ 知道更改色彩效果

◎ 練習設定互動連結

統整課程

健體　藝術

簡報也能和觀眾互動

使用【按鈕】與【頁面切換】的連結設定，就可以做出問答遊戲或選單頁面，讓簡報也能【互動】起來喔！

2 問答遊戲的規劃要領

要製作問答遊戲，就要先規劃好【換頁】的流程。例如【答錯了】與【答對了】，各自要【跳換到哪一頁？】

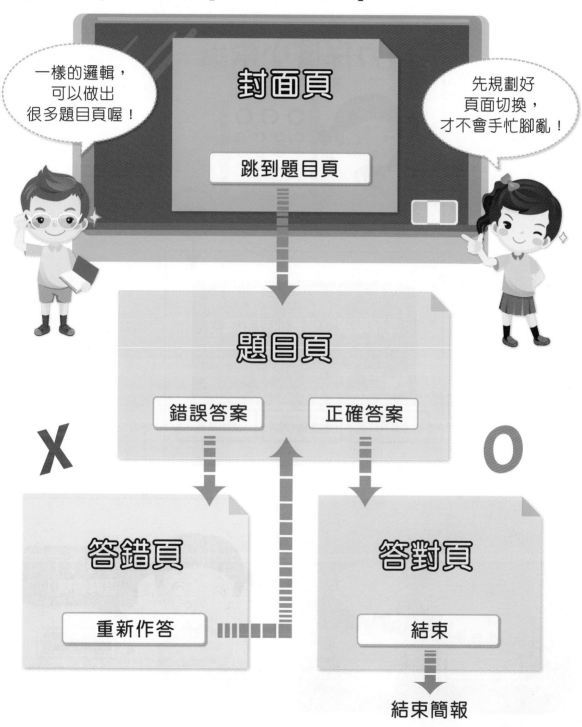

一樣的邏輯，可以做出很多題目頁喔！

先規劃好頁面切換，才不會手忙腳亂！

封面頁

跳到題目頁

題目頁

錯誤答案　　　正確答案

X　　　　　　　　　O

答錯頁

重新作答

答對頁

結束

結束簡報

3 問答互動來設計

本課的練習目標是製作一份視力保健的問答遊戲。在練習之前,讓我們先了解按鈕與頁面切換的互動規劃吧!

封面頁

題目頁

答錯頁

答對頁

結束簡報

▶ 插入 GIF 動畫圖片

讓我們插入會動的 GIF 動畫圖片，做出特別的主視覺效果吧！

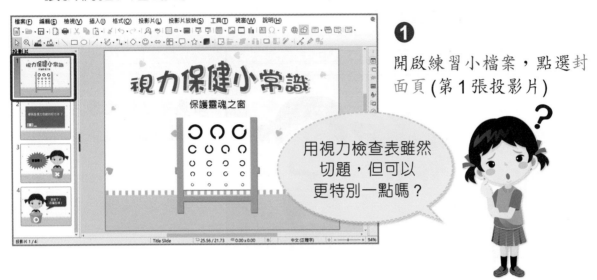

1

開啟練習小檔案，點選封面頁 (第 1 張投影片)

用視力檢查表雖然切題，但可以更特別一點嗎？

2

按 🖼，插入老師指定的 GIF 動畫圖片，然後安排一下物件的位置與大小

哇！會動的圖片耶！

老師說

在看到下一個影像前，上一個影像還會暫時停留在視網膜上，這就是【視覺暫留】現象。

利用這種現象快速播放影像，就可以製作出【動畫】囉！

▶ 更改圖片色彩效果

相同背景下，用點小技巧，可以在答錯頁(第3張投影片)上，製造不一樣的視覺效果喔！

❶

點選第3張投影片
(答錯頁)

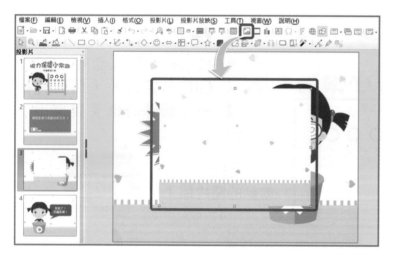

❷

按 🖼 ，插入老師指定的圖片

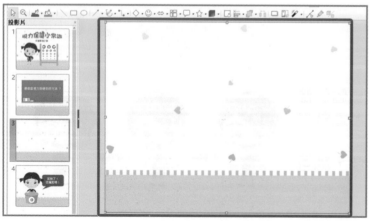

❸

拖曳圖片控點放大到滿版

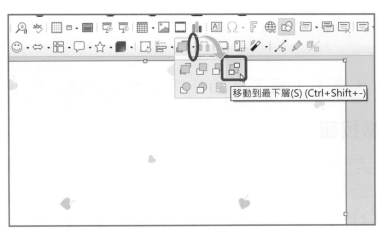

4

按 ⬜ 的 ▾，再按 ⬜
【移動到最下層】

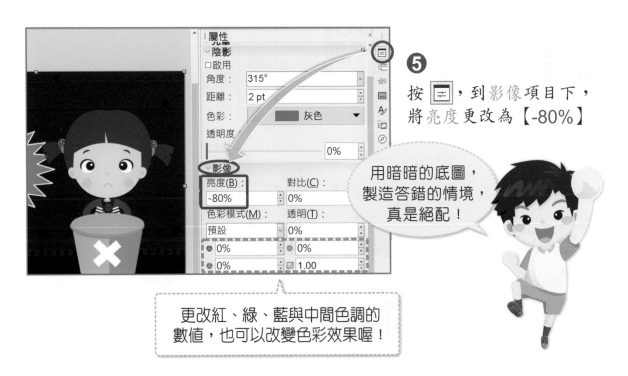

5

按 ⬜，到影像項目下，
將亮度更改為【-80%】

用暗暗的底圖，
製造答錯的情境，
真是絕配！

更改紅、綠、藍與中間色調的
數值，也可以改變色彩效果喔！

4 按鈕設計

讓我們用內建的圖庫圖片，與美工圖案來設計頁面所需的按鈕吧！

▶ 用【圖庫】的圖片當按鈕

❶
點選封面頁
(第 1 張投影片)

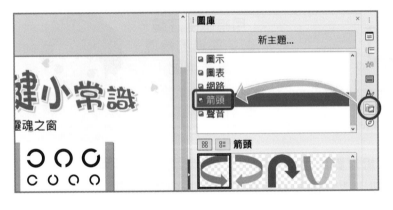

❷
按 🖾 圖庫，再點開箭頭類別

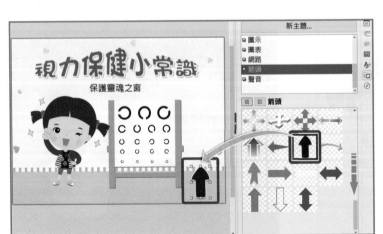

❸
拖曳箭頭圖片到編輯區

④ 縮小、旋轉圖案,安排位置約如圖示

▶ 用美工圖案當按鈕

接著用 ◇· 的 □,在題目、答錯、答對頁上,製作出圖示按鈕。

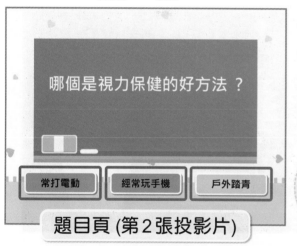

題目頁 (第2張投影片)

製作方法在第5課就學過囉!

若要節省時間,可開啟老師準備的檔案,用複製貼上來快速完成!

答錯頁 (第3張投影片)

答對頁 (第4張投影片)

5 頁面切換設定 - 互動連結

【互動】可設定在任一物件(圖案、圖片、文字)上，使被點按時，畫面切換到指定的頁面，或結束播放，例如：

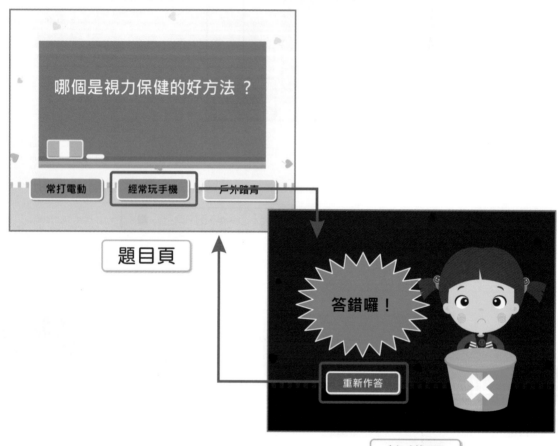

題目頁

答錯頁

▶ 設定互動連結

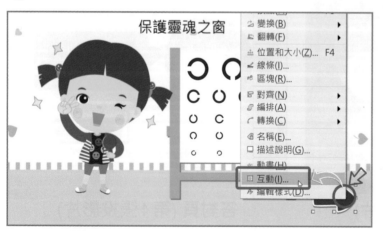

1

到封面頁，在箭頭圖案上按右鍵，點選【☆互動】

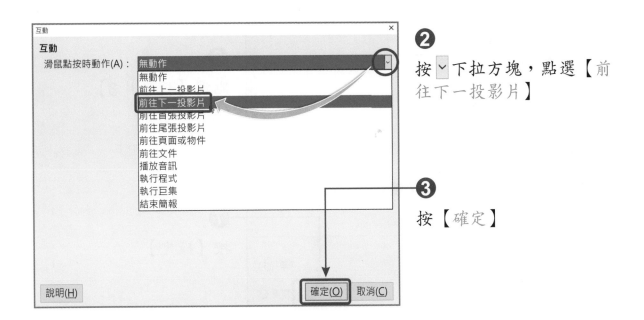

❷

按 下拉方塊，點選【前往下一投影片】

❸

按【確定】

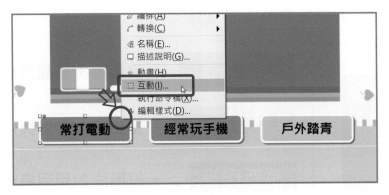

❹

到題目頁，在圖示圖案上按右鍵，點選【互動】

常打電動

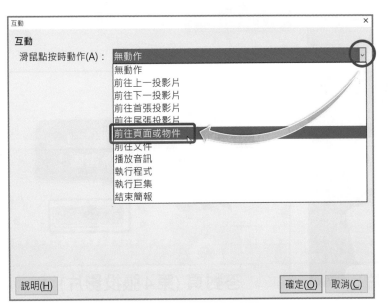

❺

按 下拉方塊，點選【前往頁面或物件】

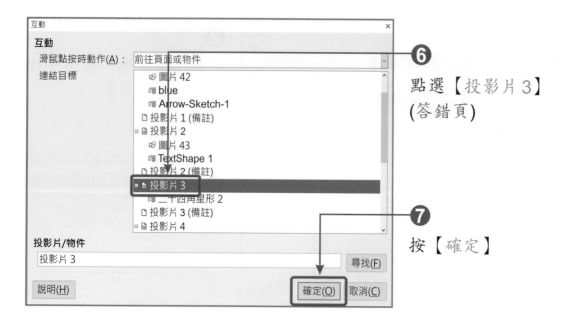

⑥ 點選【投影片3】
(答錯頁)

⑦ 按【確定】

⑧ 接著利用一點時間，設定好其他按鈕的互動連結：

經常玩手機 → 投影片3(答錯頁)

戶外踏青 → 投影片4(答對頁)

重新作答 → 投影片2(題目頁)

結束 → 結束簡報

▶ 取消按一下滑鼠換頁

為避免在播放時，在背景上點按滑鼠而換頁，讓我們取消這個預設功能吧！(滑鼠僅限點按按鈕才執行切換頁面)

❶
按【投影片放映】，點選【投影片放映設定】

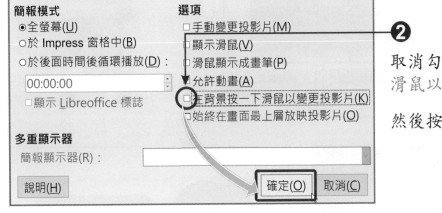

❷
取消勾選【在背景按一下滑鼠以變更投影片】

然後按【確定】

搞定！
自己做問答遊戲，
簡單！

▶ **播放玩遊戲囉！**

這份問答簡報完成囉！記得另存新檔將成果儲存起來！
再按 🖳 或 F5，開始玩遊戲吧！

結束播放

我是高手　設定頁面互動連結

開啟本單元練習小檔案，瀏覽一下簡報的全部內容後，為按鈕設定正確的前往頁面吧！

> 你也可以用學到的技巧，設計不同的問答遊戲喔！

→ ?

氧氣 → 投影片？

水蒸氣 → 投影片？

二氧化碳 → 投影片？

重新作答 → 投影片？

結束 → ?

( )1 設計問答遊戲,首先要規劃好什麼?

1.頁面切換流程　　2.按鈕好不好看　　3.畫面美不美

( )2 點選圖片後,按哪個按鈕可以更改色彩效果?

1. 　　　2. 　　　3.

( )3 按哪個按鈕可以插入圖庫圖片?

1. 　　　　　2. 　　　　　3.

( )4 想加入互動連結,要在物件上按右鍵,然後點選?

1.轉換　　　　　2.互動　　　　　3.區塊

進 階 練 習 圖 庫　　GIF 動畫圖片

在本書光碟【進階練習圖庫】資料夾中,有【GIF 動畫圖片】給你做練習喔!

7 認識臺灣古蹟

- 母片編輯與網路資源

◎ 知道網路資源的應用

◎ 了解創用 CC 標示與應用

◎ 學會設計母片與套用

統整課程

綜合　社會

認識臺灣古蹟 - 專題介紹

臺灣有許多古蹟，每個都有它的故事，像是臺南赤崁樓、鹿港龍山寺、淡水紅毛城...等。我們就以它們來示範練習，做份專題介紹！

同學可以選擇自己最喜歡的三個古蹟來做練習喔！

鹿港龍山寺

赤崁樓

紅毛城

文字跟圖片要怎麼取得啊？

▶ 資料蒐集百寶箱 - 網路

臺灣古蹟的資料，要去哪裡找？怎麼找呢？

到【維基百科】就對啦！(首頁網址 https://zh.wikipedia.org/)

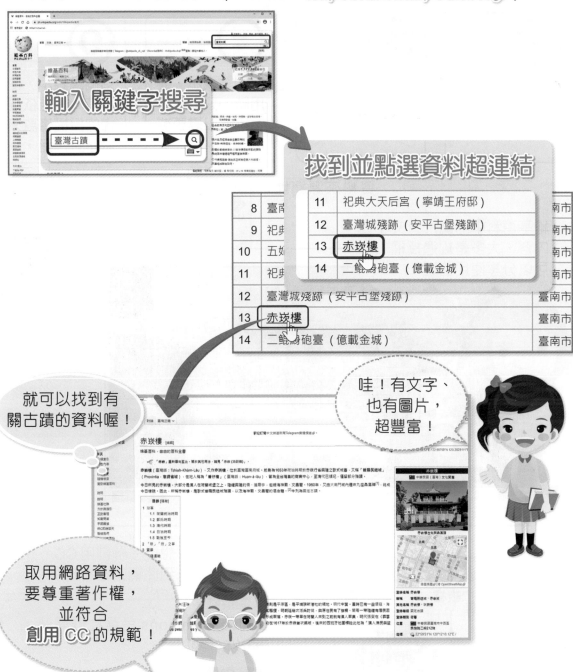

輸入關鍵字搜尋

臺灣古蹟

找到並點選資料超連結

11	祀典大天后宮（寧靖王府邸）
12	臺灣城殘跡（安平古堡殘跡）
13	赤崁樓
14	二鯤鯓砲臺（億載金城）

8	臺南			南市
9	祀典			南市
10	五妃			南市
11	祀典			南市
12	臺灣城殘跡（安平古堡殘跡）	臺南市
13	赤崁樓	臺南市
14	二鯤鯓砲臺（億載金城）	臺南市

就可以找到有關古蹟的資料喔！

哇！有文字、也有圖片，超豐富！

取用網路資料，要尊重著作權，並符合創用 CC 的規範！

▶ 認識創用 CC - 四個授權要素

創用CC授權條款包括「姓名標示」、「非商業性」、「禁止改作」以及「相同方式分享」四個授權要素，其意思分別為：

這個圖表示，使用時要註明作者姓名。

這個圖表示，使用在作品時，不可以拿來營利。

這個圖表示，使用時，只能拷貝，不可以變更或修改。

這個圖表示，使用時，只能依同樣的授權條款來發布該作品。

資料來源網址

維基百科中的圖片、文字內容，大多是經過授權，可以分享使用的喔！

創用CC標示

作者姓名

引用時，記得要標示出處。

想更了解創用CC，到此網站看看吧！

Creative Commons 台灣社群網站：
https://cc.ocf.tw/

在網站中開啟【馬上搜尋 CC】超連結，可快速、方便尋找 CC 授權素材，合法下載使用。詳細參考 教學影片。

2 版面造型師 - 母片設計

母片只是簡報的主體架構，在播放簡報時並不會顯示出來。
新增的投影片，會根據母片預先設定好的字型、背景、圖案等
設定，套用在新的投影片上。

封面用的母片

共用的母片

讓我們為【認識臺灣古蹟】
這個專題介紹，
量身訂做版面吧！

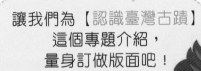

（母片一）

封面

（母片二）

內頁

內頁

內頁

▶ 編輯第1張母片

在 Impress 中，設計的第1張母片，是提供給整份簡報共用的，也就是新增投影片，都會自動套用第1張母片喔！

母片編輯區

編輯完成

套用到投影片並編輯內容

❶ 設定背景圖

新增簡報，按 [≡]，接著按 母片檢視

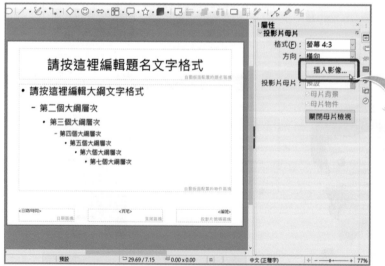

❷

點選【插入影像】，插入老師指定背景圖

❸ 設定文字格式

全選題名文字格式，設定
格式例如：

🅐 字型：微軟正黑體
　 大小：48

🅑 粗體 B

🅒 A・ 字元色彩：█

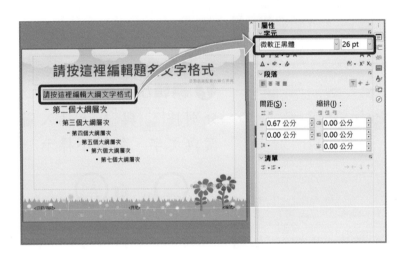

❹

選取大綱文字格式，設定
格式例如：

字型：微軟正黑體
大小：26

注意

母片是搭配題名、內容區
塊這個版面所設計的。
選用其它版面，文字大小
可能會跟著變更。

❺ 編輯版面

為了方便將來在右方插入
圖片，縮小並移動大綱的
文字方塊到圖示位置

❻

為了方便製作小標示，移動題名的文字方塊到圖示位置

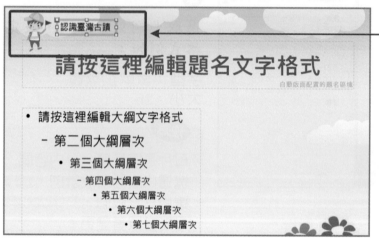

❼ 編輯小標示

分別按 🖻 與 🖹，插入圖案與文字，編排小標示

▶ 編輯第 2 張母片

第 2 張母片通常是有特殊用途的，例如專門給簡報封面用。

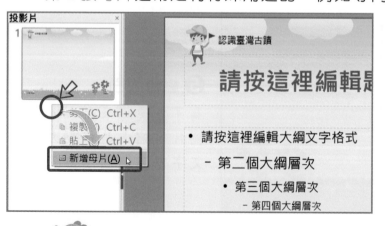

❶

到左方縮圖區，在空白處按右鍵，點選【新增母片】

②

設定背景影像後，按【關閉母片檢視】

若有需要，也可進行文字格式設定與版面編排。

▶ 多張母片的套用

母片設計好囉！我們實際來套用看看吧！

❶ 自動套用第1張母片

簡報的第1張投影片，會自動套用剛剛設計的共用母片

②

新增幾張投影片，看看會不會也自動套用第1張共用母片吧！

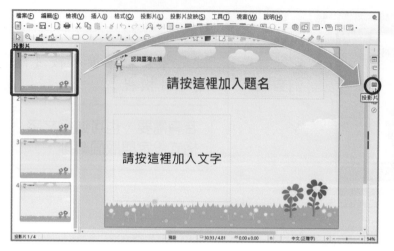

❸ 套用第2張母片

點選第1張投影片後，按 🔳 投影片母片

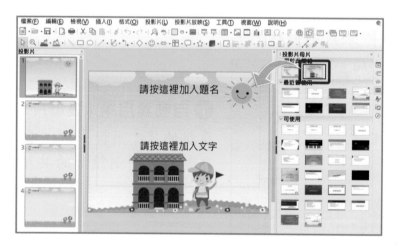

❹

點選第2張母片縮圖，即可套用到投影片上

❺

使用【◇·/◇ 菱形】，在封面頁上製作出標題，然後再用 🅰 製作副標題

 版面配置點選空白投影片

圖案的製作、對齊、分布與文字方塊，分別在第4與第3課學過囉！

網路幫幫忙－擷取網頁文字與圖片

要開始製作內頁囉！我們到【維基百科】找資料吧！

▶ 搜尋想要的資料

我們以搜尋臺灣古蹟－赤崁樓為例，到維基百科找找看吧！

https://zh.wikipedia.org/zh-tw/

臺灣古蹟

1 用瀏覽器開啟維基百科網站後，輸入關鍵字臺灣古蹟，按 🔍 搜尋。

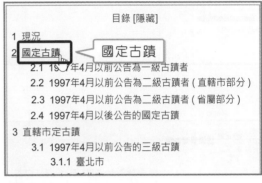

目錄 [隱藏]

1 現況
2 國定古蹟
　2.1 1997年4月以前公告為一級古蹟者
　2.2 1997年4月以前公告為二級古蹟者 (直轄市部分)
　2.3 1997年4月以前公告為二級古蹟者 (省屬部分)
　2.4 1997年4月以後公告的國定古蹟
3 直轄市定古蹟
　3.1 1997年4月以前公告的三級古蹟
　　3.1.1 臺北市

國定古蹟

2 點選【國定古蹟】。

7	王得祿墓	國定古蹟
8	臺南孔子廟	臺南市中西區南門路2
9	祀典武廟	臺南市中西區永福路2
10	五妃廟	臺南市中西區五妃街2
11	祀典大天后宮 (寧靖王府邸)	臺南市中西區永福路2
12	臺灣城殘跡 (安平古堡殘跡)	臺南市安平區國勝路8
13	赤崁樓	臺南市中西區民族路2
14	二鯤鯓砲臺 (億載金城)	臺南市安平區南塭16號
15	鳳山縣舊城 (東門、南門、北門、鎮福社、拱辰井)	高雄市左營區興隆段1

3 在國定古蹟中，點選【赤崁樓】。

4 找到【赤崁樓】的資料啦！

▶ 擷取文字與應用

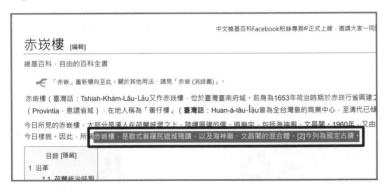

中文維基百科Facebook粉絲專頁◎正式上線，邀請大家一同

赤崁樓 [編輯]

維基百科，自由的百科全書

◀ 「赤崁」重新導向至此。關於其他用法，請見「赤崁 (消歧義)」。

赤崁樓 (臺灣話：Tshiah-Khàm-Lâu-Lâu又作赤崁樓，位於臺灣臺南府城。前身為1653年荷治時期於赤崁省興建之
(Provintia，意謂省城)，在地人稱為「番仔樓」(臺灣話：Huan-á-lâu-lâu曾為全台灣島的商業中心，至清代已傾
今日所見的赤崁樓，大部分是漢人在荷蘭城堡之上，陸續興建的儒、道廟宇，包括海神廟、文昌閣，1960年，又由
今日樣貌。因此，所赤崁樓、是歐式普羅民遮城殘蹟，以及海神廟、文昌閣的混合體。[2]今列為國定古蹟

目錄 [隱藏]
1 沿革
　1.1 荷蘭統治時期

1

拖曳選取網頁上的文字，然後按 Ctrl + C (複製)

複製的文字，可直接貼到簡報，或文件上 (如記事本或 Writer) 編修一下、儲存備用。

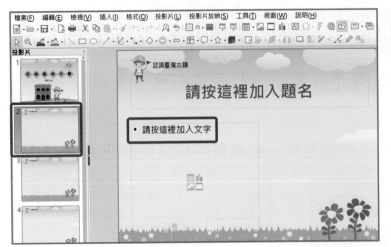

❷

切換回 Impress，點選第
2 張投影片的 請按這裡加入文字

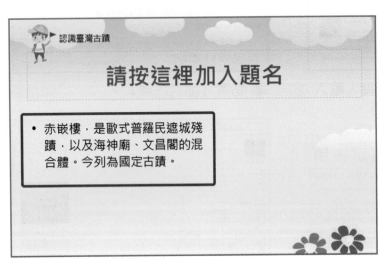

❸

按 Ctrl + V 貼上後，刪
除 [2]

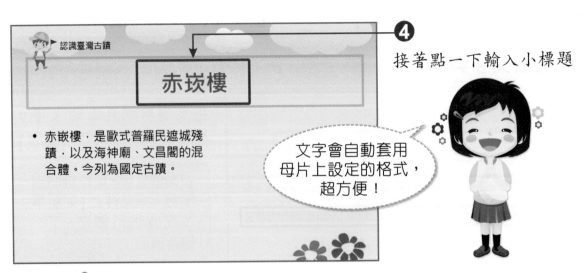

❹

接著點一下輸入小標題

文字會自動套用
母片上設定的格式，
超方便！

▶ 擷取圖片與儲存

嵌行省興建之歐式城寨，又稱「普羅民遮城」
，至清代已傾圮，僅留部分殘蹟。
960年，又由大南門城內遷來九座贔屭碑[1]，終成
定古蹟。

1 切換回網頁，在圖片上點一下

2 按 ⬇ (下載此檔案)

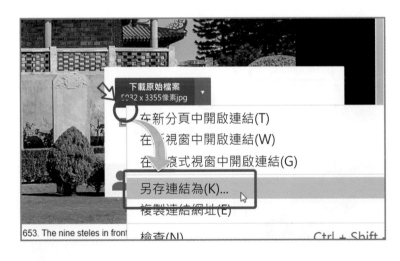

3 在【下載原始檔案】按右鍵，點選【另存連結為】，就可以將圖片儲存到電腦囉！

4 圖片形狀我決定 - 嵌入圖案

四四方方的圖片，總覺得乏味！將圖片嵌入圖案中，就可改變圖片形狀，看起來更活潑！

❶
在第2張投影片上，用【☆·/○】，製作出一個八角星形圖案

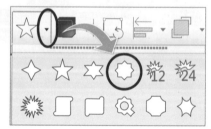

❷
在圖案上按右鍵，點選【區塊】

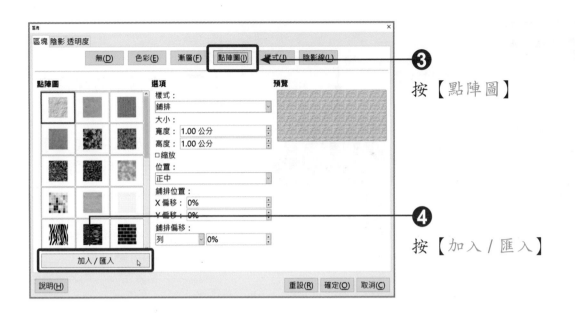

3 按【點陣圖】

4 按【加入 / 匯入】

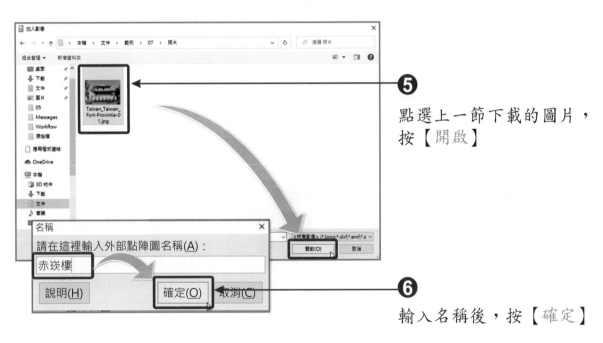

5 點選上一節下載的圖片，按【開啟】

6 輸入名稱後，按【確定】

7 樣式設定【延展】，然後按【確定】

8

按 ⊟ 設定圖案的線條與
陰影

最後用 A 加入一個文字
方塊，標示資料來源

> 標示資料來源時，可以
> 拖曳選取文字後，按 🌐
> 加入來源的網址喔！

▶ 合併完成簡報

除了自己做的簡報，你還可以合併整合同學們的作品，快速完成更
加豐富的簡報喔！

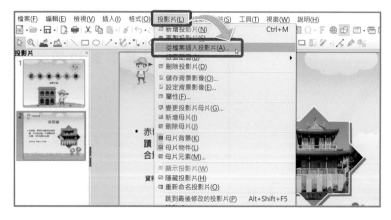

1

除了封面與剛完成的內頁
，若有新增其他投影片請
先刪除，然後按【投影片
/從檔案插入投影片】

為了節省時間，可插入老
師準備的練習小檔案

> 插入外部簡報方法，在
> 第3課第6節學過囉！

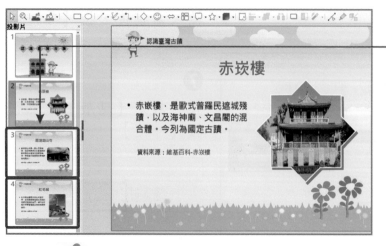

2

成功插入兩張內頁，合併
外部的簡報進來囉！

> 若有需要，可點選相同版
> 面配置，調整一下版面。
>

這份專題介紹完成囉！記得把成果儲存起來！
再按 ⬚ 或 F5 播放看看吧！

耶！學習到超多關於古蹟的知識。

加上創用 CC 的授權標示

以這一課的練習成果，加上圖片作者創用 CC 的授權資料吧！

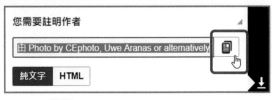

❶ 到網頁，點圖片按 ⬇
點【您需要註明作者】

❷ 按 🗐 複製文字

赤嵌樓，是歐式普羅民遮城殘蹟，以及海神廟、文昌閣的混合體。今列為國定古蹟。

資料來源：維基百科-赤崁樓

由 Photo by CEphoto, Uwe Aranas or alternatively © CEphoto, Uwe Aranas, CC BY-SA 3.0,
https://commons.wikimedia.org/w/index.php?curid=46528611

物，被認為是現在在臺灣保存最完整的台灣清治時期建築物。整個廟宇最重要的是其建築和雕刻。

資料來源：維基百科-鹿港龍山寺

https://commons.wikimedia.org/w/index.php?curid=24133691

時期所建造的南門。其中紅毛城主堡是臺灣最古老的完整建築物。

資料來源：維基百科-紅毛城

由 Husky221 - 自己的作品，CC BY-SA 3.0,
https://commons.wikimedia.org/w/index.php?curid=28679002

❸ 回到練習成果，插入文字方塊，貼上剛複製的文字並設定格式，就完成囉！

練功囉

( )1 下面哪一個是製作簡報的好幫手？

　　1. 網路　　　　　　2. 電視　　　　　3. 畫冊

( )2 在維基百科中，下載圖片要按哪一個按鈕？

　　1.📤　　　　　　2.⬇　　　　　3.❯

( )3 下面哪一個是投影片母片按鈕？

　　1.▤　　　　　　2.⭐　　　　　3.⬜

( )4 想將圖片嵌入圖案，要在圖案上按右鍵，點選？

　　1. 位置和大小　　　2. 區塊　　　　　3. 轉換

進階練習圖庫　　　　背景圖

在本書光碟【進階練習圖庫】資料夾中，有【背景圖】提供給你做練習喔！

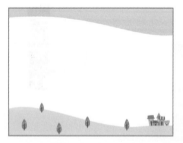 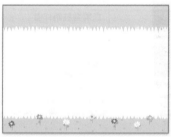 

臺灣野生動物保育

- 專題報告

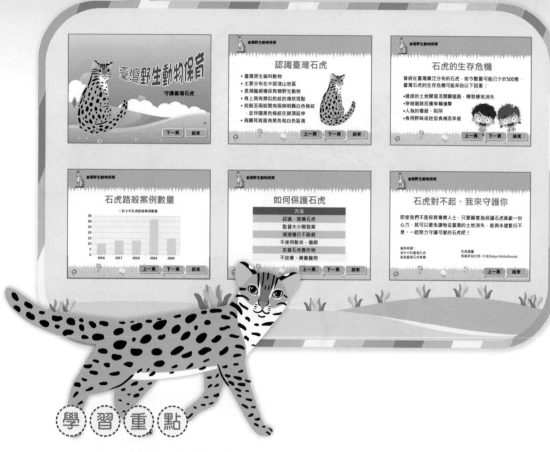

學 習 重 點

◎ 了解蒐集資料的目的

◎ 知道圖表與表格的使用

◎ 練習如何製作專題報告

統 整 課 程

國語文　自然科學

1 保育臺灣野生動物人人有責

臺灣土地過度開發和人為因素，導致很多物種都已經滅絕，為了生物永存，保育臺灣野生動物你我都有責。讓我們以【守護臺灣石虎】為主題，看看如何做出一份專題報告吧！

▶ 製作專題報告前的準備工作

| 問題界定 | 臺灣瀕臨絕種的野生動物有哪些？
為什麼石虎會瀕臨絕種？該如何保育？ |

↓

| 定義主題 | 以【守護臺灣石虎】為主題，探討石虎
生存危機並宣導如何保護牠避免滅絕 |

↓

| 尋找答案 | 上網搜尋相關資料與統計數據，並且多
方翻閱各種研究報告 |

↓

| 運用資訊 | 大量閱讀蒐集到的資料，淘汰不正確的
、保存有用的 |

↓

| 分類整合 | 互相討論與分類，整理成有條理的資料
，分享給大家 |

蒐集資料的目的，最重要的是【解答】！
找到【問題】的答案，就可以整理、歸類
與分享囉！

文字　　　統計數據　　圖片

2 擬定大綱與文案撰寫

分類、整合資料後，我們就可以擬定專題報告的大綱，並開始撰寫文案。

▶ 擬定大綱

- ● 專題名稱【臺灣野生動物保育-守護臺灣石虎】
- ● 認識臺灣石虎
- ● 石虎的生存危機
- ● 近年石虎路殺案例數量
- ● 如何保護石虎
- ● 石虎對不起、我來守護你 (結語與參考)

▶ 文案撰寫的原則

撰寫簡報文案的原則，就是【簡單扼要】與【通順】，不要長篇大論，也不可離題喔！

認識臺灣石虎

- ● 臺灣原生貓科動物
- ● 主要分布在中部淺山地區
- ● 是瀕臨絕種保育類野生動物
- ● 身上具有類似豹紋的塊狀斑點
- ● 前額至兩眼間有兩條明顯白色條紋，黑色條紋往頭頂延伸
- ● 兩側耳背面有黑色和白色區塊

簡單扼要
通順

認識臺灣石虎

一、分類
1. 石虎、貓科、豹貓屬，豹貓種下的亞種之一，同為台灣原生貓科動物的雲豹已確定滅絕。
2. 在山區活動，所以也被稱為「山貓」，身體有像錢幣一般的斑紋，俗稱「錢貓」。

二、特徵
石虎雖然像貓，但身上有圓形斑點，粗短的尾巴，耳後獨特白斑，眼睛至額頭明顯的白色線條，是野生貓科的特徵。

三、習性
1. 擅長爬樹、游泳，非常機警靈活，白天休息，夜間狩獵。
2. 除了繁殖季節，多半獨來獨往，藉由尿液氣味標示地盤，讓其他石虎避開、避免發生衝突。
3. 環境適應能力強，是少數能靠近人類生活的肉食野生動物。

四、食物
主食鼠類、松鼠，野兔也會捕食鳥類、昆蟲、蛇類、蜥蜴。

五、繁殖
臺灣石虎……約5-9日，懷孕期二……保……

簡報要**簡**潔，不是在寫小說喔！

③ 插入 Writer 文件

除了在投影片上編輯，你也可以插入 Writer 文件變成內頁！

Writer 文件
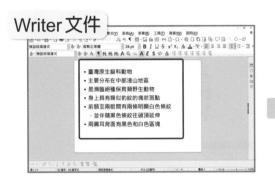

Impress

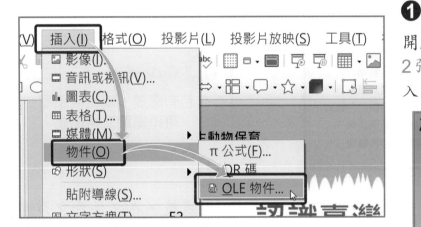

❶

開啟練習小檔案，點選第 2 張投影片，然後按【插入／物件／OLE 物件】

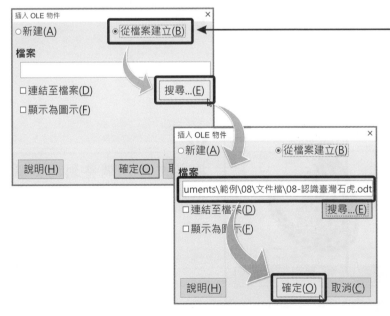

❷

點選【從檔案建立】後，按【搜尋】

接著開啟 Writer 文件 (.odt 格式)

然後按【確定】

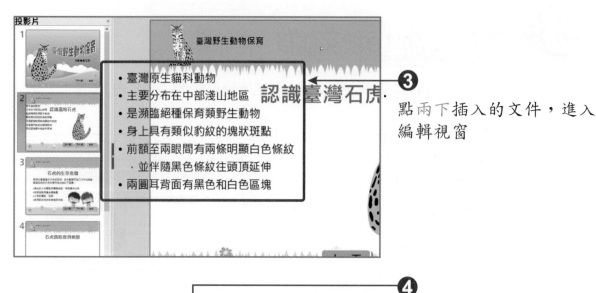

③ 點兩下插入的文件，進入編輯視窗

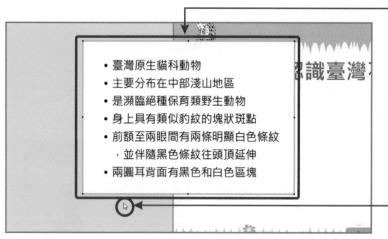

④ 拖曳編輯視窗四周 ■ 控點，縮小視窗約如圖示

小 提 示

若有需要，編輯視窗裡，可再編輯文字格式。

⑤ 完成後，在文件外空白處點一下，回到投影片編輯模式

⑥ 拖曳文件，調整到約如圖示位置

4 複雜資料簡單化 - 圖表與表格

使用【圖表】與【表格】，可以快速了解複雜的資料喔！

圖表

■ 近5年石虎路殺案例數量

（長條圖：2016 約10、2017 約13、2018 約22、2019 約32、2020 約15，縱軸0~35）

數據資料節錄參考：消失中的臺灣石虎

表格

方法
認識、宣傳石虎
監督大小開發案
減速慢行不路殺
不使用獸夾、毒餌
友善石虎農作物
不放養、棄養寵物

▶ 插入圖表

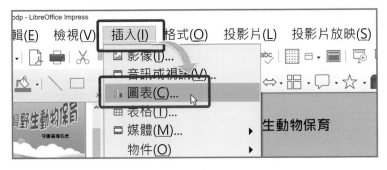

❶
點選第4張投影片，
按【插入/圖表】

❷ 設定欄/列與輸入資料

在圖表內的空白處按右鍵
，點選【資料表格】

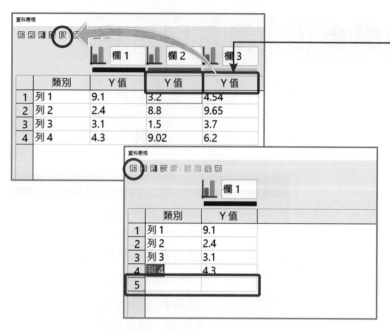

❸

點選想要刪除的欄,再按 ⊞ 即可刪除該欄
(在此刪除圖示兩欄)

❹

點選第 4 列後,按 ⊞ 可新增列

❺

在儲存格中輸入數據資料,然後到上方欄中輸入名稱 (例如:近 5 年石虎路殺案例數量)

> 可以開啓文字檔,用複製貼上的方式完成。

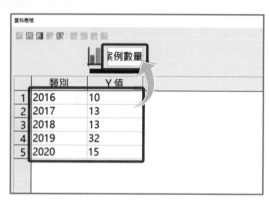

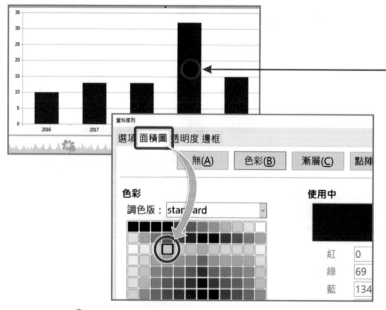

❻ 設定色塊顏色

點兩下色塊,準備設定顏色

❼

在【面積圖】標籤下,點選顏色,然後按【確定】

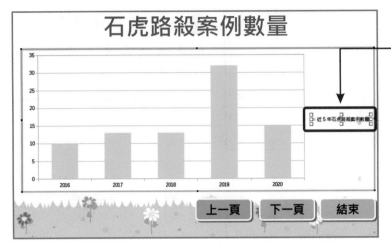

❽ 設定文字格式

點兩下圖表名稱，準備設定文字格式

❾

點選【字型】標籤，到西文字型和亞洲文字字型下，設定格式後，按【確定】

(注意：數字與英文，要在西文字型下設定)

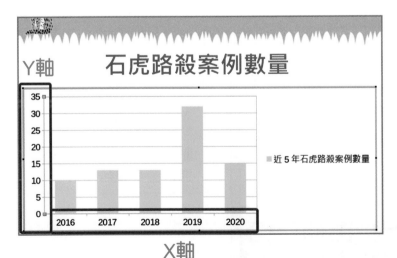

❿

使用相同技巧，設定 X 軸與 Y 軸的文字格式

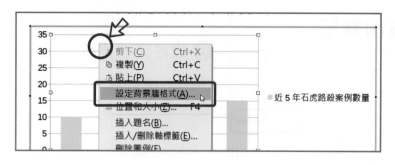

⑪ 設定背景牆顏色

在色塊的背景上按右鍵，點選【設定背景牆格式】

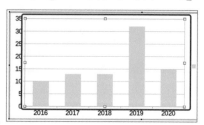

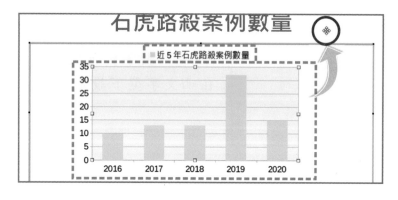

⑫

【面積圖】→按色彩→選擇顏色→【確定】

⑬

調整圖表名稱、大小與位置約如圖示，最後在圖表外點一下，回到投影片編輯模式

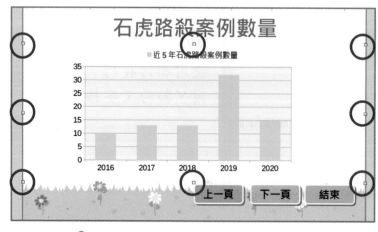

⑭

拖曳控點，放大圖表

小提示

點兩下圖表，即可再度進入圖表編輯模式。

▶ 插入表格

❶

點選第5張投影片，
按【插入/表格】

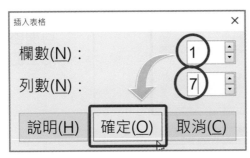

❷

欄數輸入【1】
列數輸入【7】
按【確定】

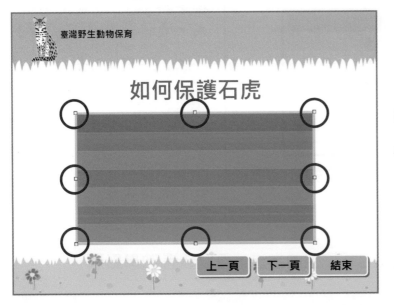

❸

拖曳控點，調整表格大小

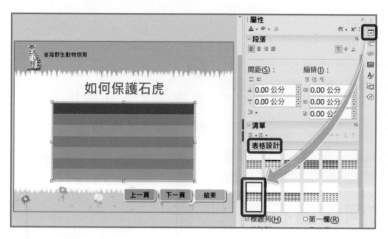

④

按 ⊟，到表格設計項目下，點選想要的樣式

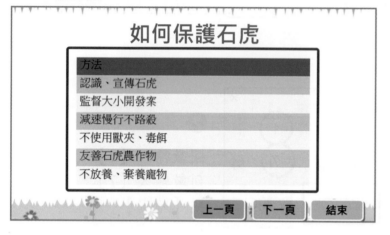

⑤

點一下個別儲存格，輸入資料

> 可開啟文字檔，用複製貼上的方式完成。

⑥

接著按 ⊟，設定文字格式，表格就製作完成啦！

> 選取表格，在 ⊟ 之下，按 ≡ 與 ╪，可讓文字居於儲存格的正中央。

有需要的話，可以再調整一下表格大小

 老師說

如何設定表格框線、儲存格底色的方法，可以參考教學影片。

這份專題介紹完成囉！記得把成果儲存起來！
再按 🖥 或 F5 播放看看吧！

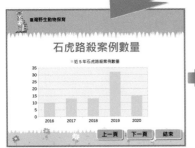

 我是高手　觀摩其他專題報告

開啟本單元示範檔案，觀摩一下其他主題的專題報告吧！

(示範1)

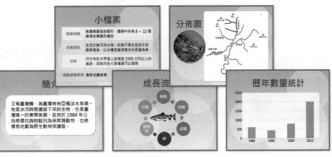

(示範2)

練功囉

( ) ① 蒐集資料的目的，最重要的是什麼？

　　1. 尋求解答　　　　2. 越多越好　　　　3. 越難越好

( ) ② 下面哪個不是文案撰寫的原則？

　　1. 通順　　　　　　2. 簡單扼要　　　　3. 長篇大論

( ) ③ 使用什麼可以把複雜的資訊變簡單、易懂？

　　1. 圖表　　　　　　2. 文字方塊　　　　3. 以上皆是

( ) ④ 在哪個按鈕下，可以點選表格樣式？

　　1. [★]　　　　　　2. [▤]　　　　　　3. [▤]

練習至此，你已學會各式各樣的簡報編輯囉！發揮巧思、善用工具，編輯簡報其實既簡單又有趣！期待大家都變成簡報達人喔！

常用快速鍵

編輯類

★ 需在選取狀態下使用

開啟簡報	Ctrl + O	選取所有物件 (投影片上)	Ctrl + A
新增簡報	Ctrl + N	選取所有文字 (文字方塊中)	Ctrl + A
儲存簡報	Ctrl + S	★ 插入超連結	Ctrl + K
★ 剪下文字、物件	Ctrl + X	移至下一張投影片	Page Down
★ 複製文字、物件	Ctrl + C	移至上一張投影片	Page Up
貼上文字、物件	Ctrl + V	復原上一個動作	Ctrl + Z
取消復原	Ctrl + Y	列印	Ctrl + P

播放類

從頭播放簡報	F5	下一張投影片	Enter　Page Down	
			↓　→	左鍵
從目前投影片 播放簡報	Shift + F5	上一張投影片	P　Page Up	
結束播放	Esc		↑　←	Backspace

超好用喔！
趕快學起來^^

Impress 7.x 簡報自由學 LibreOffice

圖書編號：SA42
ISBN：978-986-96307-8-8

作　　者：小石頭編輯群・蔡慧儀
發 行 人：吳如璧
出 版 者：小石頭文化有限公司
　　　　　Stone Culture Company
地　　址：臺北市內湖區康寧路三段22-1號2樓
電　　話：(02) 2630-6172
傳　　真：(02) 2634-0166
E - mail：stone.book@msa.hinet.net
郵政帳戶：小石頭文化有限公司
帳　　號：19708977

致力於環保，本書原料和生產，均
採用對環境友善的方式：
・日本進口無氯製程的生態紙張
・Soy Ink 黃豆生質油墨
・環保無毒的水性上光

SAVE THE WORLD
PRINTED WITH SOY INK
ECO-PULP エコパルプ

國家圖書館出版品預行編目(CIP)資料　　定價 249 元 • 2021 年 04 月　初版

Impress 7.x 簡報自由學 LibreOffice
小石頭編輯群・蔡慧儀 編著
-- 臺北市：小石頭文化，2021 .04
　　　面；　公分

ISBN 978-986-96307-8-8 (平裝)

1. 電腦教育　　　　3. 小學教學
2. LibreOffice (電腦程式)

523.38　　　　　　　110005198

書局總經銷：
聯合發行股份有限公司
電話：(02) 2917-8022

學校發行：
校園文化事業有限公司
電話：(02) 2659-8855

零售郵購：
服務專線：(02) 2630-6172